Wilfried Krenn • Herbert Puchta

ZIEL.Deutsch

1

Übungsbuch

Inhaltsverzeichnis

☐ erarbeiten ☐ rechtschreiben

1. Erfolgreich miteinander kommunizieren

A Was bedeutet das?

- Wortarten erforschen ... 4
- Nomen und Artikel ... 5
- Das Nomen – Die vier Fälle ... 6
- Groß- und Kleinschreibung ... 7

B Schick mir ein Mail!

- Bestimmter und unbestimmter Artikel ... 8
- Personal- und Possessivpronomen ... 9
- Das Nomen – Singular und Plural ... 10
- Anredepronomen ... 11

C Haustiere – Freud oder Leid?

- Wortbildung – Nomen ... 12
- Abgeleitete Nomen ... 13
- Subjekt und Prädikat ... 14
- Das Alphabet ... 15

2. Ein Bild sagt mehr als tausend Worte

A Fotos

- Entscheidungsfragen – Ergänzungsfragen ... 16
- Aufforderungssätze – Aussagesätze ... 17
- Direkte Rede ... 18
- Laute und Buchstaben: So sprichst du – So schreibst du ... 19

B Witze

- Subjekt und Prädikat ... 20
- Satzglieder erkennen ... 21
- Das Stammprinzip ... 23

C Bildgeschichten

- Konjunktionen verwenden ... 24
- Zeitangaben ... 26
- Kurze und lange Vokale (Übersicht) ... 27

3. Mit viel Fantasie erzählen

A Gut und Böse

- Persönliches erzählen – das Perfekt ... 28
- Schriftliches erzählen – das Präteritum ... 29
- Rechtschreibprogramme am Computer benützen ... 31

B Erzähl einmal!

- Interessant erzählen ... 32
- Interessant erzählen – Unerwartete Wendungen ... 32
- Interessant erzählen – Wiederholen und verstärken ... 33
- Interessant erzählen – Sinneseindrücke ... 33
- Interessant erzählen – Adjektive ... 34
- Rechtschreibhilfen benützen – Wörterbücher ... 35

C Fantasy

- Fantasiegeschichten mit Fantasy-Figuren ... 36
- Früher und heute: Präsens, Perfekt und Präteritum ... 37
- Fantasiegeschichten schreiben ... 38
- Das Dehnungs-h (stummes h) ... 39

4. War das wirklich so?

A Verschiedene Sagen

- Moderne Sagen ... 40
- Das Wichtigste zusammenhängend wiedergeben ... 42
- Doppelvokale ... 43

B Heldentaten

- Präteritum und Perfekt ... 44
- Personalpronomen ... 46
- Langes i (-ie) ... 47

C Eine gerechte Strafe?

- Satzglieder bestimmen – Objekte ... 48
- Objekte im Dativ und im Akkusativ ... 49
- Verben im Dativ und im Akkusativ ... 50
- Lang gesprochene Vokale ohne Längenzeichen ... 51

5. Orte, Wege und Personen beschreiben

A Der Ort ist ganz besonders …

Adjektive steigern – Komparativ	52
Adjektive steigern – Superlativ	54
Doppelkonsonanten.	55

B Besuche mich doch!

Einen Weg beschreiben.	56
Präpositionen	57
Plätze beschreiben – Plätze vergleichen	58
-ck und -tz	59

C Kennst du sie gut?

Aussehen und Charakter beschreiben	60
Charaktereigenschaften und Tätigkeiten einander zuordnen.	60
Ein Kinder-Krimi	61
Ein Haustier beschreibt einen Menschen	62
ss oder ß?.	63

6. Informationen verstehen und weitergeben

A Hast du das gewusst?

Den Inhalt von Sachtexten wiedergeben.	64
Umstandsergänzungen	65
Gegenstände beschreiben.	66
Ähnliche Laute (v und f)	67

B Kennst du dich da aus?

Diagramme verstehen	68
Tabellen und Diagramme verstehen	69
Das Futur	70
Zeitstufen.	70
Ähnliche Laute (b, d, g oder p, t, k)	71

C Spiel doch mit …

Spielanleitungen verstehen und verfassen	72
Zwei Sprachspiele.	73
das oder dass?.	75

A Was bedeutet das?

1 Wortarten erforschen

Markiere: Welche Wörter sind Nomen (= N), welche sind Verben (= V)?

	V	N		V	N		V	N
schreien	X		Aussprache			Missverständnis		
Streit			diskutieren			beleidigen		
Befehl			Entschuldigung			Ruf		
flüstern			trösten			erzählen		
Lob			erklären			Gratulation		
zureden			beschimpfen			kränken		

b 1 Finde zu den Nomen in Aufgabe **a** passende Verben und umgekehrt. Schreib sie in dein Heft. Schreib die Nomen mit Artikel.

2 Was ist für dich angenehm 😀, unangenehm 🙁 oder neutral 😐?

schreien – der Schrei 🙁, der Streit – streiten 🙁

c Lies den Text. Welche Situation passt zur Redewendung „etwas im Schilde führen"? Markiere.

Was führst du im Schilde?

Im Mittelalter kämpften die Ritter oft in voller Rüstung. Da konnte man schwer erkennen, wer Freund und wer Feind war. Deshalb führten Adelige als Erkennungszeichen ihr Wappen in ihrem Schild. So wusste man gleich, wen man vor sich hatte. Auf einem Wappen symbolisieren Tiere oder bestimmte Gegenstände die Eigenschaften des Wappenträgers.
Aus dem Mittelalter stammt auch die Redewendung „etwas im Schilde führen". Sie ist bis heute im Sprachgebrauch erhalten geblieben, allerdings mit einer etwas anderen Bedeutung. Heute sagen wir, dass jemand etwas im Schilde führt, wenn diese Person etwas heimlich plant oder etwas mit Hintergedanken tut.

Situationen:

☐ Sabine hat in all ihre Bücher ein kleines Wappen mit einer Eidechse und ihrem Namen geklebt, sodass jeder weiß, dass die Bücher ihr gehören.

☐ Am ersten April steht Andreas früher als sonst auf. Er will seine kleine Schwester wecken und ihr erzählen, dass Fische in der Badewanne schwimmen.

1. Erfolgreich miteinander kommunizieren A

2 Nomen und Artikel

a 1 Finde heraus, für welche Eigenschaften die Tiere und Gegenstände in den Wappen stehen.

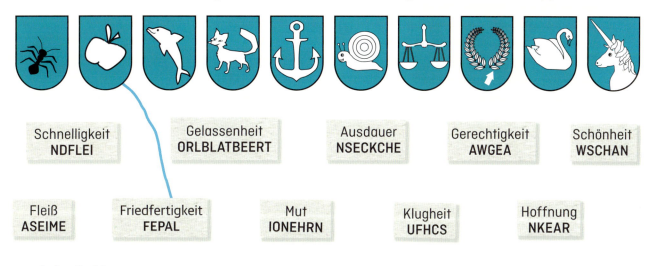

| Schnelligkeit NDFLEI | Gelassenheit ORLBLATBEERT | Ausdauer NSECKCHE | Gerechtigkeit AWGEA | Schönheit WSCHAN |
| Fleiß ASEIME | Friedfertigkeit FEPAL | Mut IONEHRN | Klugheit UFHCS | Hoffnung NKEAR |

2 Schreib Sätze.

Der Apfel steht für Friedfertigkeit. Ein Delfin bedeutet ...

b Finde die neun Nomen in der Wörterschlange und schreib sie mit Artikel auf.
Welche zwei Nomen passen nicht zum Witz?
Diskutiert in der Klasse über diesen Witz.

BUSSCHLAUCHLOBBLUMELIEBEHUMORBRILLEIRRTUMWASSER

der Bus, ...

c Artikel können das grammatikalische Geschlecht eines Nomens anzeigen.
Ordne die Nomen aus Aufgabe **b** in einer Tabelle.

Maskulinum	Femininum	Neutrum
der Bus	die	das

d Manche Nomen können zwei Geschlechter und unterschiedliche Bedeutungen haben. Trage die unterschiedlichen Artikel ein.

die See / _der_ See
_____ Tau / _____ Tau
_____ Leiter / _____ Leiter
_____ Kiefer / _____ Kiefer
_____ Steuer / _____ Steuer
_____ Erbe / _____ Erbe

e Ergänze die Sätze mit den richtigen Nomen aus Aufgabe **a**.

1 _____ war stürmisch. Etliche Schiffe gerieten in Seenot.

2 _____ war gebrochen. Er musste drei Wochen im Krankenhaus bleiben.

3 Herr Berger lehnte _____ an den Baum, um seine Äpfel zu ernten.

4 _____ an den Blättern der Blumen glitzerte in der Morgensonne.

3 Das Nomen – Die vier Fälle

a Sabine und Georg haben jeweils drei Antworten auf persönliche Fragen aufgeschrieben. Ihre Mitschülerinnen und Mitschüler haben die Fragen erraten.
Ordne die Fragen und Antworten zu.

Sabine
1 meine Freundin Jana
2 die Pullis meiner Schwester
3 meinen Cousin in München

◯ Wen würdest du gerne besuchen?
◯ Wessen Kleidungsstücke leihst du gerne aus?
◯ Wer hilft dir manchmal bei deinen Hausaufgaben?

Georg
4 ein neues Handy
5 die Fische unseres Nachbarn
6 meinem kleinen Bruder

◯ Wem schenkst du dein altes Handy?
◯ Was wünschst du dir zu deinem Geburtstag?
◯ Wessen Haustiere fütterst du manchmal?

b Wie kannst du nach den vier Fällen fragen? Schreib die Fälle zu den Fragen.

Akkusativ (4. Fall)	~~Nominativ (1. Fall)~~	Dativ (3. Fall)	Genitiv (2. Fall)
Wer oder was?	die Freundin		_Nominativ_
Wessen?	des Nachbarn		
Wem?	dem kleinen Bruder		
Wen oder was?	den Cousin in München		

6 ZIEL.Deutsch 1 Übungsbuch

rechtschreiben

1. Erfolgreich miteinander kommunizieren **A**

4 Groß- und Kleinschreibung

a 1 Markiere in der Regel das richtige Wort.

> **Groß- und Kleinschreibung**
> Nomen und Eigennamen schreibt man *immer* / *nur am Satzanfang* groß.

2 Such 12 Wörter in den horizontalen Zeilen im Suchkasten und sortiere sie.

L	T	E	L	E	F	O	N	X	Z	P	R	A	K	T	I	S	C	H	T
A	K	S	A	L	Z	B	U	R	G	U	I	S	E	H	E	N	T	Z	Q
G	E	F	A	H	R	B	Q	W	S	A	B	E	N	T	E	U	E	R	W
J	B	E	D	A	N	K	E	N	L	D	O	N	A	U	Ü	A	K	S	A
V	E	R	B	E	S	S	E	R	N	B	S	U	S	A	N	N	E	D	L
A	A	L	L	G	E	M	E	I	N	O	L	F	E	R	T	I	G	Ö	N

Nomen: *das Telefon*

Eigennamen: _____

Adjektive: _____

Verben: _____

b 1 Markiere in der Regel das richtige Wort.

> **Groß- und Kleinschreibung**
> Das Wort am Satzanfang wird immer *klein* / *groß* geschrieben.

2 Schreib den Text in dein Heft. Lass dabei fünf weitere überflüssige Wörter weg und achte auf die Groß- und Kleinschreibung.

klingeltöne von oben

überall hören wir handys klingeln, im bus, in der bahn, im klassenzimmer ~~aber~~ und im supermarkt. manchmal kommen die handytöne aber auch von johannes oben. singvögel zwitschern nämlich unsere klingeltöne fröhlich nach. viele vögel ziehen in die städte, weil sie fliegen dort oft mehr nahrung finden. dann vögel hören und lernen auch die handytöne. du darfst dich also nicht fragen wundern, wenn dein handy klingelt und niemand dran ist. schau dich um. irgendwo in deiner nähe könnte ein freund eichelhäher oder ein star sitzen und deinen lieblingsklingelton zwitschern.

B Schick mir ein Mail!

1 Bestimmter und unbestimmter Artikel

a Was ist das wohl? Ordne die Sätze den Bildern zu und versuche, die fehlenden Nomen zu erraten. Nimm dabei die Nomen aus dem Kasten zu Hilfe.

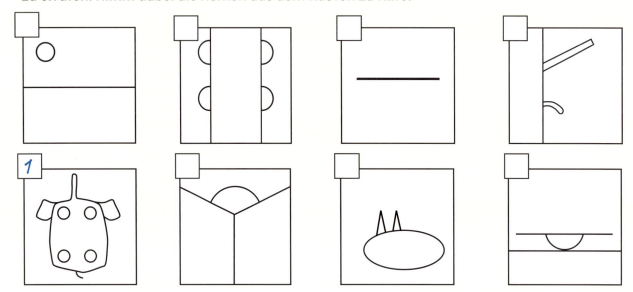

| Briefmarke |
| Bär |
| Hund |
| Ball |
| ~~Elefant~~ |
| Mann |
| Spiegelei |
| Hase |
| Jäger |

1 Ein/~~Eine~~ _Elefant_ nimmt ein Sonnenbad.
2 Ein/Eine _____ steht auf dem Kopf.
3 Ein/Eine _____ klettert einen Baum hoch.
4 Ein/Eine _____ sitzt hinter einem Stein.
5 Ein/Eine _____ fliegt über eine Mauer.
6 Ein/Eine _____ liest eine Zeitung.
7 Ein/Eine _____ von der Seite gesehen.
8 Ein/Eine _____ und ein/eine _____ gehen um die Ecke.

b Schreib die Lösungswörter aus Aufgabe **a** mit dem bestimmten Artikel auf.

der Elefant, _____

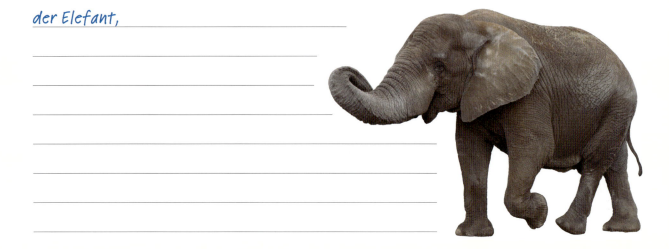

1. Erfolgreich miteinander kommunizieren B

2 Personal- und Possessivpronomen

a Was stimmt da nicht? Schreib die fehlenden Zahlen in die Kästchen und stell so den Text richtig.

1	Deine Lieblingstiere sind Katzen,
☐	ich spiele lieber mit meinen Freunden Fußball.
3	Dein Lieblingsfach ist Mathematik,
☐	meine Klavierstunden hab ich schon lange aufgegeben.
5	Du fährst mit deinem Fahrrad zur Schule,
2	mein Lieblingstier ist ein Hund.
7	Du übst jeden Tag auf deiner Geige,
☐	ich freue mich auf meine Deutschstunden.
9	Du telefonierst stundenlang mit deinen Freundinnen,
☐	ich warte lieber auf meinen Bus.
11	Wir sind sehr verschieden,
☐	doch das ist wohl normal für Bruder und Schwester.

b Markiere im Text die Personal- (___) und die Possessivpronomen (~~~).

Du übst jeden Tag auf deiner Geige, …

c Wer ist im Text wohl die Schwester, wer ist der Bruder?
Schreib den Text noch einmal mit *er* oder *sie* in dein Heft und finde die passenden Pronomen.

d Lies den Text und ergänze die richtigen Personal- und Possessivpronomen.
Wer ist mit *wir* und wer ist mit *ihr* gemeint?

_Ihr_¹ seht euch gern in _euren_² Spiegeln,
_wir_³ können _____⁴ Spiegelbild überhaupt nicht sehen.
_____⁵ Lebenszeit ist begrenzt, _____⁶ müssen ewig leben.
_____⁷ sitzt nachts gerne vor _____⁸ Fernsehgeräten und seht euch Filme über uns an,
_____⁹ durchstreifen bei Mondschein _____¹⁰ Revier und suchen neue Opfer.
_____¹¹ hängt Knoblauch vor _____¹² Türen und Fenster,
_____¹³ besuchen _____¹⁴ trotzdem in _____¹⁵ Schlafzimmern.

Unsere Welt ist so anders als eure, kein Wunder, dass ihr euch davor fürchtet.

e Denk an zwei gegensätzliche Personen, Tiere oder Personen-/Tiergruppen und schreib selbst einen Text wie in Aufgabe **a** oder **d** in dein Heft.

ZIEL.Deutsch 1 Übungsbuch

3 Das Nomen – Singular und Plural

a Finde den Singular und den Plural und sortiere die Wörter.

Häuser	Flügel
Käfer	~~Beine~~
Pfützen	Purzelbaum
Punkte	Auto
Flügel	Jahre
Jahr	Purzelbäume
Gang	Wiese
Monat	Punkt
Monate	Käfer
Wiesen	Gänge
Autos	Haus
Pfütze	~~Bein~~

Singular	Plural
das Bein	die Beine

b Tierfamilien in deinem Garten. Setze die richtigen Nomen aus Aufgabe **a** im Singular oder Plural ein. Was meinst du? Welche drei Informationen stimmen nicht?

1. Regenwürmer können bis sieben Meter tiefe G*änge*¹ graben.
2. Regenwürmer kommen bei Regen aus dem Boden, da sie in den Pf_____² Nahrung finden.
3. Maikäfer leben vier J_____³ als Engerlinge in der Erde, die fertigen Käfer leben nur einige Mo_____⁴ lang.
4. Tausendfüßler haben genau tausend B_____⁵.
5. Alle K_____⁶ haben sechs Beine und ein Paar F_____⁷.
6. Nacktschnecken haben keine H_____⁸, die ihnen Schutz bieten, deshalb verstecken sie sich vor ihren Feinden unter der Erde.
7. Marienkäfer haben immer sieben P_____⁹.
8. Maulwürfe drehen sich in ihren Gängen um, indem sie P_____¹⁰ schlagen.

Lösung: Regenwürmer kommen bei Regen aus dem Boden, da ihre Löcher überschwemmt werden. Tausenfüßler haben höchstens zwischen acht und 340 Beinpaare. Es gibt verschiedene Arten von Marienkäfern, nicht alle haben sieben Punkte.

c Wähl zwei Pluralnomen aus Aufgabe **b** aus und schreib sie in den vier Fällen mit Artikel auf.

Nominativ:	die Punkte	_____	_____
Genitiv:	der Punkte	_____	_____
Dativ:	den Punkten	_____	_____
Akkusativ:	die Punkte	_____	_____

rechtschreiben

1. Erfolgreich miteinander kommunizieren **B**

4 Anredepronomen

a Markiere die richtigen Wörter in der Regel. Schreib die Pronomen aus den Sätzen richtig auf die Zeilen.

> **Großschreibung bei Anredepronomen**
> Höfliche Anredepronomen (*Sie, Ihnen, Ihre usw.*) schreibt man ***am Satzanfang*** / ***immer*** groß.

1. Kommen SIE bitte in meine Sprechstunde.
2. Ich habe IHR E-Mail gelesen, aber ich kann IHNEN leider nicht weiterhelfen.
3. Meine Schwester bringt heute IHRE Katze zum Tierarzt.
4. Marianne und Sabine sind Zwillinge, SIE sind beide 12 Jahre alt.
5. Bitte geben SIE uns heute etwas weniger Hausaufgaben.
6. Sarah konnte IHRE Hausaufgabe nicht machen, weil SIE Kopfschmerzen hatte.

1. Sie,

b Markiere die richtigen Wörter in der Regel. Lies das SMS und ergänze die Anredepronomen aus dem Kasten. Welche zwei SMS passen jeweils zusammen? Ordne zu.

> **Großschreibung bei Anredepronomen**
> ***Höfliche*** / ***Persönliche*** Anredepronomen schreibt man immer groß,
> ***persönliche*** / ***höfliche*** Anredepronomen schreibt man nur am Satzanfang groß.

IHR	IHNEN	DEINE	DU	IHRE
DIR	DU	~~DEIN~~	SIE	DIR
SIE	DIR	IHR	DIR	IHNEN

a Hallo Fatima, ich habe ___dein___¹ Mathebuch nicht. Die Übungsnummern kann ich ___²___ durchgeben, aber das wird ___³___ nicht helfen. Ich schicke ___⁴___ die Aufgaben per E-Mail. Ciao

b Lieber Herr Frühwirt, wir haben ___⁵___ Angebot verglichen. Der Spezialstaubsauger ist uns doch zu teuer. Bitte schicken ___⁶___ uns kein Gerät zu. Vielen Dank für ___⁷___ Mühe.

c Hallo Tim, ich glaube, ___⁸___ hast mein Mathebuch i ___⁹___ Schultasche gesteckt, kannst ___¹⁰___ mir die Übungsnummern für die Hausaufgabe schicken? Das wäre lieb von ___¹¹___.

d Sehr geehrte Familie Neuhold, haben ___¹²___ sich nach meinem Besuch bei ___¹³___ unser Angebot angesehen? Dürfen wir ___¹⁴___ ein Gerät unverbindlich zusenden? mfg¹

Diese SMS passen zusammen: ☐ ☐

¹mfg = mit freundlichen Grüßen

C Haustiere – Freud oder Leid?

1 Wortbildung – Nomen

a Lies den Fragebogen.

1. Welche Fragen kannst du beantworten? Wähl aus.
2. Mach persönliche Notizen und schreib einen kurzen Text über dein Haustier, dein Wunschhaustier oder erzähle, warum du kein Haustier möchtest.

1. Was für ein Haustier hast du?
2. Was für ein Haustier möchtest du haben?
3. Wie alt ist dein Haustier?
4. Welche Haustiere findest du interessant?
5. Warum hast du dieses Haustier ausgewählt?
6. Welches Haustier würde gut zu dir passen?
7. Wie sieht dein Haustier aus?
8. Ist dein Haustier manchmal schmutzig, laut oder lästig?
9. Bist du gegen Haustiere allergisch?
10. Wie viele Stunden am Tag kannst du dich um dein Haustier kümmern?

b Nomen, Verben und Adjektive sind die wichtigsten Wortarten. Finde in den Fragen in Aufgabe **a** mindestens drei verschiedene Nomen, Verben und Adjektive und schreib sie auf.

Nomen: _Haustier_

Verben: _____

Adjektive: _____

c Da ist etwas durcheinandergekommen! Bilde die richtigen Nomen und schreib sie zu den Beschreibungen.

1. Dort steht, wer fehlt: _Klassenbuch_
2. In diesem Unterricht lernt man schwimmen: _____
3. Papier, das nicht weiß ist: _____
4. Man kann etwas Geschriebenes damit löschen: _____
5. Milch, die wenig Fett enthält: _____
6. Manche Kinder teilen es, manche nicht: _____
7. Da steht, was ich zu Hause machen muss: _____
8. Dort brauchen wir Turnsachen: _____

Magerunterricht
Buntheft
Aufgabenpapier
Schwimmmilch
Radierbrot
Jausengummi
~~Klassensaal~~
Turn~~buch~~

d Bestimme für die zusammengesetzten Nomen aus Aufgabe **c** die Wortarten und sortiere.

Nomen + Nomen	Verb + Nomen	Adjektiv + Nomen

1. Erfolgreich miteinander kommunizieren c

2 Abgeleitete Nomen

a Bilde mit den angegebenen Nachsilben Nomen und setze sie in den Text ein.

-heit: krank _____

-keit: sauber _____

-ung: entschuldigen, begeistern, meinen, verwalten
Entschuldigung, _____
_____

-schaft: Freund _____

-er: Geschirr spülen _____

-in: verkaufen _____

-nis: erlauben, gefangen _____

Ein Haustier für alle Fälle ...

„Ich habe keine Zeit, Benni wartet auf sein Futter." Stefan wollte mit Katrin den
_____¹_____ ausräumen, doch seine kleine Schwester musste sich um ihr Haustier kümmern. „Wenn er nicht rechtzeitig gefüttert wird, wird er krank", war ihre *Entschuldigung*² . Und das stimmte auch. Benni war anfällig für allerlei _____³_____ . Man musste sich dauernd um ihn kümmern. Katrin liebte ihr Haustier. Es war eine dicke _____⁴_____ geworden, obwohl die _____⁵_____ nicht sehr groß gewesen war, als sie Benni bekommen hatte. Sie hatte sich eigentlich einen richtigen Hund gewünscht. Aber sie wohnten mitten in der Stadt, und die Eltern hatten gemeint, sie würden von der Haus _____⁶_____ keine _____⁷_____ für einen richtigen Hund bekommen. Die _____⁸_____ im Einkaufszentrum hatte ihnen dann das elektronische Haustier empfohlen. „Er empfindet Ihre Wohnung sicher nicht als _____⁹_____ so wie ein richtiger Hund", hatte sie gemeint, „er macht keinen Schmutz, _____¹⁰_____ ist also kein Problem, und auch das Gassigehen ersparen Sie sich. Benni ist eine wirklich gute Alternative." Stefan war da anderer _____¹¹_____ . Seine Eltern hatten sich schließlich auch keine elektronischen Kinder angeschafft, und das musste ja einen Grund haben.

b Was ist Stefans und Katrins Meinung zu Benni, dem elektronischen Haustier?
Finde Textstellen, die das zeigen, und schreib die Sätze in dein Heft.
Wie ist deine Meinung dazu?

Katrin: *Am Anfang ...*   Stefan: _____   Ich: _____

c Bilde mit den Nachsilben in Aufgabe **a** noch andere Nomen.
Schreib immer auch die Ausgangswörter auf.

-heit: frei – Freiheit, schön –

ZIEL.Deutsch 1 Übungsbuch   13

3 Subjekt und Prädikat

a Ergänze im folgenden Text die Subjekte und markiere die Prädikate.
Zwei Prädikate bestehen aus zwei Teilen. Welche?

Wortbox: ~~Ich~~ Wir Herr Mürrisch ich Du Die Kinder ihr Unser Nachbar

„__Ich__¹ schlafe schlecht. _____² schläfst schlecht. _____³ schlafen schlecht!", sagt _____⁵ _____⁶ zu seiner Frau. „Aber _____ brauche meinen Schlaf, und _____⁷ braucht euren Schlaf. _____⁸ müssen etwas tun. _____⁹ _____¹⁰ muss den Hahn weggeben."

b Spaß mit Personalformen:
Lies die Grammatikerklärung und schreib eigene Spaßtexte.

Subjekt und Personalform

Subjekt und Personalform müssen immer zueinanderpassen. Die unterschiedlichen Personalformen kann man gut erkennen, wenn man das Subjekt ändert.
Das funktioniert mit Verben (*ich kaufe, du kaufst …*), mit Fremdwörtern (*ich chatte, du chattest …*) aber auch mit Spaßwörtern. Probiere es aus.

Melk an der Donau

Ich melke an der Donau
Du melkst an der Donau
Er melkt an der Donau
Wir melken an der Donau
Ihr melkt an der Donau
Sie melken an der Donau

Kochlöffel

Stupsnasen

Lesezeichen

Ich lese Zeichen.

Du liest Zeichen.

Er …

Glühbirnen

Gießkannen

rechtschreiben

1. Erfolgreich miteinander kommunizieren **c**

4 Das Alphabet

a Ergänze die Buchstaben in den Wörtern. Schreib die Wörter alphabetisch geordnet in dein Heft.

e	ß	c
h	t	ä
ä	h	ä
h	~~e~~	ss

Me_e_r fra___ Be___re

wie___ern Schne___ke Schw___mme

kra___zen abr___umen besch___digen

za___m Hu___n Flo___e

b Ordne die Wörter alphabetisch.

1 Beere kriechen Hahn arg Zoo _arg,_ _____

2 Ente Erdbeere etwas eilig _____

3 versäumen verlangen verhindern vergessen _____

c Wo findest du im Wörterbuch die folgenden Wörter?

knusprig: zwischen ☐ *knurren* und *Koch* oder ☐ zwischen *Knirps* und *Knochen*
übersetzen: zwischen ☐ *überraschen* und *Überschwemmung* oder zwischen ☐ *übersehen* und *übersiedeln*
ähnlich: zwischen ☐ *Afrika* und *Ahnung* oder zwischen ☐ *Ärger* und *Ärmel*

d Ordne die Wörter. Die letzten zwei Buchstaben müssen identisch sein mit den ersten zwei Buchstaben des nächsten Wortes (Beton – Onkel). Setze die Reihe fort.

Ansprache Denkmal Ende Insel umsonst Heldin Ellbogen Albtraum Stundenplan

Beton – Onkel – _____

e Wählt einen Buchstaben. Bildet dann einen Satz, in dem der Buchstabe nicht vorkommt. Wie viele Sätze könnt ihr finden?

s: Ich kann nicht kochen.

f Schreib die Namen von sieben Kindern deiner Klasse auf und ordne sie alphabetisch.

Anna, Georg, ...

A Fotos

1 Entscheidungsfragen – Ergänzungsfragen

a Sieh die Bilder aus den beiden Märchen an.
Welche Fragen passen zu welchem Bild? Ordne zu.

Fragen: *1,* _____ Fragen: _____

1 ~~Wen trifft das Mädchen im Wald?~~
2 Wo hat die Frau zuvor gelebt?
3 War die Frau dort glücklich?
4 Warum liegt die Frau in diesem Sarg?
5 Weiß das Mädchen, wer vor ihr steht?

6 Hat das Mädchen Angst?
7 Wie heißt die Frau im gläsernen Sarg?
8 Ist die Frau tot?
9 Welchen Rat bekommt das Mädchen?
10 Wird das Mädchen den Rat befolgen?

b Lies die Grammatikerklärung und markiere die richtigen Wörter.
Welche Fragen aus Aufgabe **a** sind Entscheidungsfragen? Welche sind Ergänzungsfragen?

> ### Entscheidungsfragen – Ergänzungsfragen
>
> Auf *Entscheidungsfragen* / *Ergänzungsfragen* antwortet man immer mit Ja oder Nein.
> Bei Entscheidungsfragen steht die *Personalform* / *ein Fragewort* an erster Stelle.
> Bei Ergänzungsfragen steht *ein Fragewort* / *das Prädikat* an erster Stelle.

Entscheidungsfragen: *5,* _____ Ergänzungsfragen: _____

c Schreib zu jeder Frage aus Aufgabe **a** eine kurze Antwort in dein Heft.

> *1 Wen trifft das Mädchen im Wald?   Den Wolf.*

d Finde zu einem Märchen, das du gut kennst, vier Fragen.
Deine Partnerin oder dein Partner muss das Märchen erraten.

2 Aufforderungssätze – Aussagesätze

a Lies die Sätze. Wer spricht mit wem? Ordne zu.

| a) Eltern ---> Kinder | c) Polizistin/Polizist ---> Autofahrerin/Autofahrer |
| b) Busfahrerin/Busfahrer ---> Schülerin/Schüler | d) Lehrerin/Lehrer ---> Schülerin/Schüler |

1 Könntest du die Tafel löschen? Würdet ihr zuhören?   *d*

2 Würden Sie mir bitte Ihren Führerschein zeigen? Könnten Sie woanders parken?

3 Könntest du dein Zimmer aufräumen? Würdest du bitte den Tisch decken?

4 Könntest du schneller einsteigen? Würdest du für die Dame aufstehen?

b Forme die höflichen Fragesätze aus Aufgabe **a** zu Aufforderungssätzen um.

Könntest du die Tafel löschen?   *Lösch die Tafel!*

c 1 Ergänze die Satzzeichen (., ?, !) und schreib Aussagesatz (*Aus-S*), Entscheidungsfrage (*Entsch-F*), Ergänzungsfrage (*Erg-F*) oder Aufforderungssatz (*Auf-S*) dazu.

1 Hier ist es viel zu laut.   *Aus-S*

2 Nach dem Flug nehme ich eine Dusche

3 Fahr doch zu einem anderen Strand

4 Ist hier ein Flugplatz in der Nähe

5 Warum fliegt das Flugzeug so tief

6 Hat Denise heute am Flughafen Dienst

7 Welches Warnlicht leuchtet denn da

2 Flugpersonal oder Badegäste? Ordne die Gedanken den Personengruppen zu.

Flugpersonal: *2,* _____   Badegäste: _____

3 Direkte Rede

a Lies den Witz. Welchen Fehler hat der Pilot gemacht?
Unterstreiche in den Sätzen den Begleitsatz (_____) und die direkte Rede (~~~~~~).
Zeichne das Satzmuster in die zweite Spalte.

1. „Na, wie habe ich das gemacht?", fragt der Pilot stolz seinen Copiloten.   Satzmuster: „~~~~~~", _____.

2. „Ausgezeichnet!", lobt dieser ihn.   Satzmuster:

3. „Das ist sicher die kürzeste Landebahn der Welt", stellt der Pilot fest.   Satzmuster:

4. „Stimmt", bestätigt der Copilot. „Sie ist wirklich nur wenige Meter lang."   Satzmuster:

5. Dann sieht er links und rechts aus dem Fenster und meint: „Aber dafür ist sie 3000 Meter breit."   Satzmuster:

b Lies den Dialog zwischen Hanna und Florian.
Schreib ihn mit passenden Redeeinleitungen in dein Heft.
Die Verben und Adjektive aus den Kästen können dir helfen, abwechslungsreich zu formulieren.
Versuche, alle Satzmuster aus Aufgabe **a** in deinem Text zu verwenden.

Hanna: „Dreiundzwanzig, vierundzwanzig, fünfundzwanzig, …"
Florian: „Was machst du denn da?"
Hanna: „Ich zähle die Fische in meinem Aquarium."
Florian: „Und? Fehlt einer?"
Hanna: „Das weiß ich noch nicht. Ich beginne jetzt schon zum fünften Mal mit dem Zählen."
Florian: „Dann zählen wir doch zu zweit. Du zählst die Fische rechts, ich zähle links."
Hanna: „Eins, zwei, drei, … Verdammt! Ich habe mich schon wieder verzählt."
Florian: „Weißt du was, wir nehmen sie einfach heraus und zählen sie dann."
Hanna: „Meinst du, das geht?"

skeptisch	zweifelnd	verärgert	unternehmungslustig
erstaunt	interessiert	neugierig	
mutlos	munter	skeptisch	

entgegnen
fluchen
zählen
rufen
erwidern
meinen
seufzen
vorschlagen
wissen wollen
antworten
fragen

„Dreiundzwanzig, vierundzwanzig, fünfundzwanzig, …", murmelt Hanna leise.

rechtschreiben

2. Ein Bild sagt mehr als tausend Worte A

4 Laute und Buchstaben: So sprichst du – So schreibst du

a Setze die Lautgruppen an der richtigen Stelle im Text ein.

| ä, ü, ö |
| a, e, i, o, u |
| ~~b, t, k, g, ...~~ |
| au, äu, eu, ei, ai |

Im Deutschen unterscheidet man zwei Arten von Lauten. Es gibt Vokale und Konsonanten. Konsonanten sind zum Beispiel _b, t, k, g, ..._ .
Die Vokale kann man in drei Gruppen einteilen.
Es gibt einfache Vokale, das sind _____, die Diphthonge (Zwielaute) _____ und die Umlaute _____ .

b Sortiere die Laute in der Sortiermaschine.

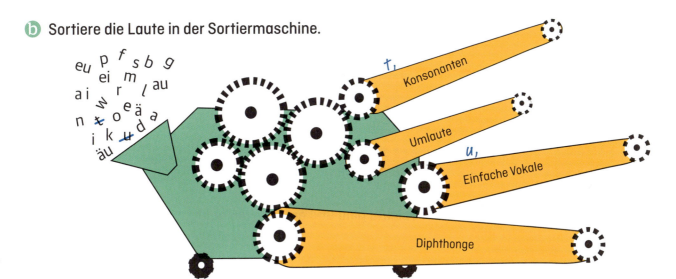

c Buchstaben und Laute: Lies die Erklärung und schreib die gesprochenen Wörter richtig auf.

Wir sprechen oft anders als wir schreiben.
Manche Buchstaben stehen für zwei Laute, wie das Z oder das X.

Wir sprechen: TSWAI, EKSAKT, TSU, AKST, TSAIT

Wir schreiben: _zwei,_ _____

Für manche Laute gibt es mehrere Buchstaben, z. B. <u>v</u>iel, <u>f</u>allen, <u>Ph</u>arao

Wir sprechen: EFA, FAMILIE, FON, ALFABET, DAFON

Wir schreiben: _____

d Kannst du zu den Antworten die richtigen Spaßfragen finden?
In den Fragen fehlen die Vokale.

Frage: W_a_s __st br__n, st__ht __f d__r W__s__ __nd m__cht Qu__k?
Antwort: Eine Kuh mit Fremdsprachenkenntnissen

| au i a e e au |
| ~~e~~ e ie u a |

Frage: W__n __nnt m__n __n__n B__m__r__ng, d__r n__cht z__r__ckk__mmt?
Antwort: Stock

| e e ii ü e u u |
| a o ie a e e |

Frage: W__ h__ßt d__r ch__n__s__sch__ V__rk__hrsm__n__st__r?
Antwort: Um Lei Tung

| ei i e i e e |
| i e e ie e i |

ZIEL.Deutsch 1 Übungsbuch 19

B Witze

1 Subjekt und Prädikat

a In den drei Kästen sind jeweils die Subjekte durcheinandergeraten.
Vertausche die unterstrichenen Satzglieder und stell den Text richtig.
Welcher Text passt am besten zum Foto?

① *Ein Weibchen*
~~MENSCHEN~~ breitet drohend seine Fangbeine aus.

GOTTESANBETERINNEN müssen sich vor dem Insekt aber nicht fürchten.

EIN WEIBCHEN werden nur acht Zentimeter groß.

② VORSICHT sind kleiner als die Weibchen.

Nach der Paarung ist DIE WEIBCHEN ratsam.

DIE MÄNNCHEN fressen ihre Partner oft auf.

③ Kurz nach dem Schlüpfen sind DIE FEINDE winzig.

DIE LARVEN schützt sie vor Angreifern.

IHRE FARBE lassen sich von dem leuchtenden Rot abschrecken.

b Markiere in den Sätzen in Aufgabe **a** die Prädikate.
Wie viele sind einteilig, wie viele sind mehrteilig?

einteilig: ☐ mehrteilig: ☐

c Lies den Text, unterstreiche die Subjekte blau und ergänze die richtigen Personalformen.
Unterstreiche alle Prädikate rot.

Können Tiere lachen?

(haben) __Habt__¹ ihr eurem Hund oder eurer Katze schon einmal einen Witz erzählt? (haben) ____² eure Haustiere dann gelacht? Wahrscheinlich nicht. (können) ____³ Tiere denn überhaupt lachen? Einige Tierarten (können) ____⁴ das sehr wohl, Menschenaffen zum Beispiel. Schimpansen (können) ____⁵ man zum Beispiel kitzeln, dann (lachen) ____⁶ sie. Spaß (spielen) ____⁷ beim Lachen natürlich eine wichtige Rolle. Das Lachen (sein) ____⁸ dabei aber nicht immer nur ein Zeichen für Freude: Bobo, der Schimpansenjunge, (haben) ____⁹ soeben seinen großen Bruder Jonny geärgert. Jonny (jagen) ____¹⁰ ihn durch den Käfig. Er (sein) ____¹¹ schneller und stärker als Bobo. Da (bleiben) ____¹² Bobo stehen und (beginnen) ____¹³ zu lachen. Jonny (können) ____¹⁴ ihm jetzt nicht mehr böse sein. Er (lassen) ____¹⁵ Bobo in Ruhe. Wir (kennen) ____¹⁶ solche Situationen auch bei uns Menschen: Du (haben) ____¹⁷ etwas angestellt und deine Eltern (schimpfen) ____¹⁸ mit dir. Vielleicht (stehen) ____¹⁹ du dann auch mit einem verlegenen Lächeln vor ihnen. Vielleicht (können) ____²⁰ dein Sei-mir-nicht-böse-Lächeln dir dann sogar helfen, leider (funktionieren) ____²¹ es aber nicht immer.

2 Satzglieder erkennen

a Horoskope für jeden Tag: Vertausche mit Hilfe der Verschiebeprobe die Satzglieder im Tageshoroskop und bilde neue Sätze.

Dein Horoskop für heute:
Ein Freund macht dir ein unerwartetes Geschenk.

1 *Dir macht ...*
2 _____
3 _____

b Welche Sätze aus dem Tageshoroskop sind erfreulich 😀, welche Sätze sind weniger erfreulich 😐? Wähl aus.

1 Ein guter Freund lädt dich überraschenderweise ein. 😀 😐
2 Du wirst unverhofft an einen alten Streit erinnert. 😀 😐
3 Nach einem anstrengenden Tag findest du bei guten Bekannten Ruhe. 😀 😐
4 In der Schule musst du außergewöhnlich viel leisten. 😀 😐
5 Du führst ein gutes Gespräch mit einem Freund. 😀 😐

c Bestimme in den Sätzen in Aufgabe **b** die Satzglieder mit Hilfe der Verschiebeprobe und markiere sie.
Unterstreiche die Subjekte <u>blau</u> und die Prädikate <u>rot</u>.

d Hatten die Kinder einen guten 😀 oder einen weniger guten 😐 Tag? Wähl aus und markiere die Satzglieder.

1 Jasmin hat auf der Straße eine Zwei-Euro-Münze gefunden. 😀 😐
2 Bernd hat dummerweise am Morgen seine Turnsachen zu Hause auf seinem Schreibtisch liegengelassen. 😀 😐
3 Julian hat den ganzen Nachmittag sein neues Spiel auf dem Computer gespielt. 😀 😐
4 Am Nachmittag hat Mia drei Stunden lang geschlafen. 😀 😐
5 Nataschas Katze hat am Nachmittag eine Maus in das Wohnzimmer gebracht. 😀 😐

e Streich in den Sätzen aus Aufgabe **d** alle Satzglieder weg, die im Satz nicht erforderlich sind.
In welchen Sätzen bleiben nur das Subjekt und das Prädikat über?

f Mesut hat von einem guten Tag erzählt. Er möchte aber bestimmte Informationen in seiner Erzählung hervorheben.
Stell die wichtigen Informationen an den Beginn jedes Satzes und schreib den Text neu in dein Heft.

> Mein Lieblingsonkel war gestern zu Besuch.
> Ich habe ihn seit einem Jahr nicht gesehen.
> Wir sind gleich am nächsten Tag gemeinsam in den Prater gegangen.
> Ich hatte nach dreimal Zuckerwatte und vier Langos Bauchschmerzen.
> Es war trotzdem ein wunderschöner Tag für mich.

Mesut möchte betonen, dass …
… der Onkel <u>gestern</u> zu Besuch war.
… er ihn <u>seit einem Jahr</u> nicht gesehen hat.
… sie <u>gemeinsam</u> etwas unternommen haben.
… ihm wegen <u>der Zuckerwatte und den Langos</u> schlecht war.
… es <u>trotz der Bauchschmerzen</u> ein guter Tag war.

Gestern war mein Lieblingsonkel zu Besuch.

g Lies und korrigiere den Text von Christine Nöstlinger.
Stell die unterstrichenen Satzglieder an die erste Position im Satz.
Dann wird der Text wieder so wie das Original der Autorin.
Zeichne Pfeile.

Horoskop

Das Horoskop in der Zeitung hatte dem Hans <u>für den 31. Juli</u> einen Glückstag vorausgesagt. Aber: Er rutschte <u>am Morgen</u> beim Duschen in der Badewanne aus und schlug sich die Nase blutig. Er bekam <u>in der Schule</u> Streit mit seinem Freund und auf die Rechenarbeit einen Fünfer. Der volle Saftkrug zerbrach ihm <u>zu Mittag</u> in den Händen. Er verlor <u>dann</u> eine Wette gegen seine Schwester, was ihn um seine ganze Barschaft ärmer machte. Und er zerbiss <u>am Abend</u> ein Hustenbonbon und dabei brach sein linker Eckzahn ab.
„So ein Unglückstag!", rief seine Mutter. „Da sieht man, dass Horoskope gar nichts wert sind!"
„Aber nein", widersprach der Hans. „Auf mich donnert <u>Ungemach über Ungemach</u> herab, und ich bin trotzdem heiter! Ein größeres Glück, als Unglück heiter zu ertragen, gibt es doch gar nicht! Die Sterne haben schon recht!"

h Lies den Text noch einmal. Beantworte die Fragen in deinem Heft.
1 Was ist Hans an diesem Tag alles passiert?
2 Warum ist Hans trotz des Unglückstages am Abend „heiter"?
3 Was hat sein Horoskop damit zu tun?

Der 31. Juli sollte für Hans ein Glückstag sein. …

rechtschreiben

2. Ein Bild sagt mehr als tausend Worte **B**

3 Das Stammprinzip

a) Finde zu den Grundwörtern jeweils zwei abgeleitete Wörter im Kasten und schreib sie auf. Schreib die Wörter neben die Grundwörter und ergänze dabei die zwei fehlenden Buchstaben.

Himmel: _anhimmeln,_

Gefahr: _____

lehren: _____

Spiel: _____

wecken: _____

~~anhimmeln~~	L__rerin
Nachthi__el	sp__len
We__er	gef__rden
L__rstelle	gef__rlich
We__ruf	Beisp__l

b) Wie schreibt man das? Schreib die fehlenden Wörter in die Tabelle.

Singular	Plural	Lösung
Rad/t?	Räder	Rad
Ran/d?		
	Hä/ende?	
Berk/g?		
	Blä/etter?	

Singular	Plural	Lösung
Stab/p?		
	Räu/eume?	
Spielzeuk/g?		
	Stä/edte?	
Diep/b?		

c) Ergänze die fehlenden Formen in der Tabelle.

	fahren	schlafen	fallen	lassen	wachsen	laufen
ich	fahre			lasse		
du	fährst				wächst	
er, sie, es			fällt			
wir, sie		schlafen		lassen		
ihr	fahrt					lauft

d) Welche vier Verben aus Aufgabe **c** passen? Ergänze die Verben in der richtigen Form.

_____ du mit dem Bus oder mit dem Fahrrad?

Wir müssen Martin wecken, er _____ noch.

Die Leiter wackelt schon, pass auf, dass du nicht herunter _____ .

Mein Zwillingsbruder ist größer, er _____ schneller als ich.

e) e oder ä? eu oder äu? Ordne den Wörtern das Grundwort aus dem Kasten zu und ergänze die fehlenden Buchstaben.

n_eu_gierig _neu_   R__ber _____

z__hlen _____   h__slich _____

__ndern _____   h__tig _____

sp__ckig _____   Fl__che _____

heute	Speck
rauben	Zahl
flach	anders
Haus	~~neu~~

C Bildgeschichten

1 Konjunktionen verwenden

a Ergänze im folgenden Text die Wörter aus dem Kasten. Welcher Titel passt am besten zum Text? Wähl aus.

damit	weil	deshalb	weil
um	denn	damit	

☐ **Der Ferialjob**   ☐ **Der „umweltbewusste" Bruder**   ☐ **Mein Sparbuch**

Mein Bruder lebt umweltbewusst, sagt er. Am Sonntag bleibt er bis elf im Bett, _____(1) er beim Schlafen am wenigsten Energie verbraucht, meint er. Er kann es nicht leiden, wenn im Winter „zum Fenster hinausgeheizt wird". _____(2) darf in seinem Zimmer nicht gelüftet werden. Seine Wäsche wäscht er nur einmal im Monat, _____(3) die Flüsse, Bäche und Seen sauber bleiben, wie er sagt. Er duscht nur einmal in der Woche, _____(4) möglichst wenig warmes Wasser zu verbrauchen. Und ich soll ihm jetzt Geld leihen, _____(5) er in den Ferien nicht arbeiten muss. Er will seinen Ferialjob doch nicht annehmen. _____(6) Ferialjobs sind Energieverschwendung, meint er. Ich hoffe, der Umwelttick meines Bruders ist bald vorbei, _____(7) wir ja auch zu seiner Umwelt gehören. Und die sollte er auch schonen, denke ich.

b Zu welchen Schulfächern passen die Regeln und Erklärungen? Ordne zu und schreib Sätze mit *wenn*.

Schulfächer:
* Deutsch
* Mathematik
* Bildnerische Erziehung
* Geografie und Wirtschaftskunde
* Bewegung und Sport
* Musikerziehung

a) Wasserfarben anrühren
b) einen Kopfstand lernen
c) Bergformen auf einer Karte erkennen
d) den Flächeninhalt eines Rechtecks berechnen
e) eine Bildbeschreibung verfassen
f) Noten schreiben

* Höhenlinien lesen
* zuerst an einer Wand üben
* nicht zu viel Wasser nehmen
* Länge mit der Breite multiplizieren
* fünf Notenlinien zeichnen
* direkte Rede verwenden

a) *Wenn man Wasserfarben anrühren will, darf man nicht zu viel Wasser nehmen.*

2. Ein Bild sagt mehr als tausend Worte

c Welche Verben passen? Wähl ein Verb aus dem Kasten aus und schreib auf, was die Kinder sagen. Schreib Sätze mit *dass*. Achtung: Manchmal passen mehrere Verben.

1 Adiba: „Am Freitag haben wir vielleicht Frau Berger in Turnen."
2 Gernot: „Graz ist die Hauptstadt der Steiermark."
3 Nairne: „Am Wochenende ist das Wetter sicher schlecht."
4 Nermina: „Ich habe wahrscheinlich mein Deutschbuch zu Hause vergessen."
5 Stefan: „Die Lernwörter kommen hoffentlich nicht zum Test. Die habe ich nicht geübt."

sicher sein	hoffen
befürchten	wissen
vermuten	bemerken
annehmen	glauben
behaupten	

1) Adiba glaubt, dass …

d Sieh den Comic an. Schreib den Text dazu neu und verbinde dabei die Sätze mit den Bindewörtern in den Klammern.

1 *(wenn, deshalb)*
Garfield hat zu viel gefressen.
Er bekommt Magenbeschwerden. Jon ist mit ihm zum Tierarzt gegangen.

Wenn Garfield zu viel gefressen hat, bekommt er …

2 *(obwohl)* Sie sind pünktlich beim Arzt. Sie müssen im Wartezimmer ein wenig warten.
Neben Garfield steht ein Käfig mit einem kleinen Vogel.

3 *(weil)* Der kleine Vogel hat sich erkältet. Er muss die ganze Zeit husten.

4 *(auch wenn)* Garfield ist immer hungrig. Er hat Magenbeschwerden.

5 *(dass)* Plötzlich hört Jon: Das Husten neben ihm klingt anders.

6 *(dass, denn)* Er sieht: Der Käfig mit dem Vogel ist leer. Sein gefräßiger Kater hat den Piepmatz gefressen.

2 Zeitangaben

a Zwei Milchshakes:

1 Bring im ersten Rezept die Sätze in die richtige Reihenfolge und markiere die Zeitangaben.

Himbeer-Bananen-Shake

◯ Danach musst du die Bananen in Scheiben schneiden und mit den Himbeeren in den Mixer geben.

◯ Zum Schluss gibst du das Vanilleeis dazu und rührst deinen Milchshake gut um.

① Bevor du beginnen kannst, musst du die Zutaten besorgen.

◯ Jetzt ist alles fertig und du kannst deine Freundinnen und Freunde einladen. Du willst ja nicht alles alleine austrinken, oder doch?

◯ Nachdem du die Früchte gut durchgemixt hast, gibst du die Milch, die Buttermilch und den Honig dazu.

◯ Dann musst du alles noch einmal mixen.

◯ Du brauchst 50 dag tiefgekühlte Himbeeren, vier Bananen, einen halben Liter Milch, einen halben Liter Buttermilch, einen Teelöffel Honig und vier Kugeln Vanilleeis.

2 Setze im zweiten Rezept die richtigen Zeitangaben ein.

| Zum Schluss | Bevor du den Milchshake servierst | danach |
| jetzt | ~~zuerst~~ | Nachdem du alle Zutaten besorgt hast |

Kiwi-Milchshake mit Vanilleeis

Auch bei diesem Rezept solltest du _____zuerst_____¹ alle Zutaten bereitstellen. Du brauchst 150 ml Milch, zwei Limetten, zwei Kiwis, 400 Gramm Vanilleeis und 1 Esslöffel Zucker.

_____², presst du die Limetten mit einer Zitronenpresse aus. Den Saft und die Milch gibst du _____³ in den Mixer und schaltest ihn ein. _____⁴ kannst du die Kiwis schälen, in Stücke schneiden und dazugeben. _____⁵ gibst du das Eis und den Zucker in den Mixer und pürierst alles ganz fein. _____⁶, kannst du noch einen Zuckerrand auf deine Gläser zaubern. Dazu tauchst du die Gläser in Limettensaft und in Zucker. Der erste Schluck schmeckt dann besonders süß.

b Was kannst du kochen? Schreib ein Rezept in dein Heft. Verwende passende Zeitangaben.

rechtschreiben

2. Ein Bild sagt mehr als tausend Worte **c**

3 Kurze und lange Vokale (Übersicht)

a Finde in den Reimwörtern die Vokale.
Markiere, ob der Vokal kurz (•) oder lang (–) ist.

Reparat_u_r – Fris_u_r   kl__pfen – Tr__pfen   S__ft – Kr__ft   r__chtig – w__chtig

Sch__re – Qu__re   M__nge – __nge   N__me – D__me   eg__l – Schicks__l

b Lies die Regel und löse die Aufgabe.

Kurze und lange Vokale

Die Rechtschreibung zeigt manchmal an, ob ein Vokal kurz oder lang ist. Dafür gibt es sechs verschiedene Möglichkeiten.

- Verdoppelung des Konsonanten
- Verdoppelung des Vokals
- stummes h
- -ck
- -tz
- langes i

**Schreib die sechs Möglichkeiten in die Tabelle zu den Beispielwörtern.
Markiere den langen (–) oder kurzen (•) Vokal in den Beispielwörtern.**

kurze Vokale	
Verdoppelung des Konsonanten	z. B. sto̊ppen
	z. B. Schmutz
	z. B. Hecke
lange Vokale	
	z. B. Aal
	z. B. ehrlich
	z. B. niemand

c Schreib die zusammengesetzten Nomen auf. Markiere, ob der Vokal vor den fett gedruckten Buchstaben lang oder kurz ist.

alles + Tag = _Ålltaḡ_   Mühle + Ra**d** = _____

be**tt**eln + arm = _____   schmu**tz**ig + Fink = _____

Dieb + ste**h**len = _____   Meer + Gru**n**d = _____

ba**ck**en + Rohr = _____   kra**tz**en + Spur = _____

d Finde die Wörter und markiere die kurzen oder langen Vokale.

Ohne Kleider	n å c k t	Beliebtes Haustier	__ tz __
Kleines Haus	__ tt __	Das Gegenteil von Krieg	__ ie __ __
Womit die Spinne jagt	__ __ tz	Person, die den Bus lenkt	__ __ __ h __
nicht gerade	__ __ ie __	1000 x 1000	__ __ ll __
sehr großer Raum	__ aa __	Was neben dem Salz steht	__ __ ff __

A Gut und Böse

1 Persönliches erzählen – das Perfekt

a Wo machen die Märchenfiguren Urlaub?
Lies die Ansichtskarte und ordne den passenden Urlaubsort zu.

A An einem See

B Im Gebirge

C In einer Stadt

> Hallo Oma,
> gestern hat es so richtig geschneit. Auf der Piste haben mich trotzdem alle gut gesehen. Du hast mir ja diesen tollen, roten Helm geschenkt. Den habe ich getragen. Wir haben schon fast alle Lifte ausprobiert. Wolfi ist gestern im Tiefschnee nicht so gut vorangekommen. Das hat er nicht so toll gefunden.
> Herzliche Grüße
> Rotkäppchen und Wolfi
>
> An
> Frau Amalie Sorglos
> Im Wald 21
> 1616 Märchenland

b Markiere in der Ansichtskarte alle Verben im Perfekt und schreib sie in die Tabelle.

Hilfsverb haben oder sein	2. Partizip	Infinitiv
hat	geschneit	schneien

c Wie ist es gestern gewesen? Schreib die Sätze im Perfekt.
Welche drei Sätze passen zur Ansichtskarte? Wähl aus.

1 Wir machen heute eine Schneeballschlacht.

Wir haben gestern eine …

2 Wir mieten ein Ruderboot.

3 Ich leihe mir ein Snowboard aus. Das macht Spaß.

4 Am Strand spielen wir Tischtennis.

5 Wolfi bekommt am Abend eine große Schüssel Hundefutter.

3. Mit viel Fantasie erzählen A

d Stell dir vor, du bist im Urlaub. Schreib ein E-Mail oder eine Ansichtskarte aus deinem Urlaubsort und erzähle im Perfekt, was du in den letzten Tagen erlebt hast.

Hallo Isabel,
wir sind vorgestern ...

FUNDGRUBE
- ankommen
- Hotel/Campingplatz ... finden
- auspacken
- zu Abend essen
- frühstücken
- Ski fahren/in die Stadt/an den Strand ... gehen
- ... besichtigen
- das Wetter ist .../ regnen/Sonne scheinen/Nebel/Sturm geben
- ... spielen

2 Schriftliches Erzählen – das Präteritum

a Ordne die Zeitungsüberschriften den Themen zu.

A Tagesgeschehen **B** Sport **C** Wissenschaft **D** Kultur

- C Raumsonde erreichte PLUTO
- UNFALL beim GRILLEN: Kleider fingen Feuer
- ARCHÄOLOGEN FANDEN NEUES MUMIENGRAB
- FC ECKDORF VERLOR MEISTERSCHAFT FANS TOBTEN
- FANS VERFOLGTEN SCHLAGERSTAR BIS INS HOTELZIMMER
- BANKRÄUBER entkamen mit Geldkoffer
- TAUSENDE FANS HOFFTEN AUF ÖSTERREICHER – KANADIER SIEGTE
- Fünf Millionen kauften Marina Bergers neuen Bestseller

b Markiere in Aufgabe **a** die Verben im Präteritum und schreib die Stammformen in dein Heft.

Infinitiv	Präteritum	Perfekt
erreichen	erreichte	(hat) erreicht

ZIEL.Deutsch 1 Übungsbuch 29

c Präsens oder Präteritum? Ergänze die richtigen Verbformen.
Zu welcher Überschrift aus Aufgabe **a** passt der Zeitungsartikel?

„Man (können) ___(2)___ eben nicht immer gewinnen", so (versuchen) ___(3)___ die österreichischen Skiasse sich selbst und ihre Fans zu trösten. Das Abfahrtsrennen am vergangenen Wochenende (gewinnen) ___(4)___ der Kanadier Dave Duncan, der beste Österreicher (werden) ___(5)___ Zwölfter. „Wir (sein) ___(6)___ im Moment weit von unserer Höchstform entfernt", (analysieren) ___(7)___ Abfahrtstrainer Heribert Klar nach dem Rennen. Warum die österreichischen Skiasse hinter ihren Konkurrenten (bleiben) ___(8)___ ist immer noch unklar. Der dichte Schneefall beim Rennen am Samstag (sein) ___(9)___ sicher ein Handicap, das (gelten) ___(10)___ aber für alle Läufer. „(geben) ___(11)___ wir der jungen Mannschaft doch noch etwas Zeit", (bitten) ___(12)___ der Verbandspräsident. „Nach dem Abgang von fünf Stars im letzten Jahr (müssen) ___(13)___ die Jungen jetzt in ihre Rolle hineinwachsen." Trotz der ausgebliebenen Siege (sein) ___(14)___ das Wochenende für den Austragungsort ein Erfolg. Fünfzigtausend Fans (sehen) ___(15)___ die Abfahrer in Aktion.

d Finde in der Wörterschlange Verben im Präteritum und schreib die Stammformen der Verben in dein Heft.

Infinitiv	Präteritum	2. Partizip
fallen	fiel	gefallen

FANDKAMNAHMFINGSANG(FIEL)SCHLOSSBISSSCHOBWARF

e Ergänze in den Sätzen die richtigen Verben aus Aufgabe **d** im Präteritum.
Kannst du erraten, zu welchem Märchen die Sätze passen?

Hänsel und Gretel | Die sieben Geißlein | Der Froschkönig | Schneewittchen | Rumpelstilzchen

1 Die Prinzessin _____ die goldene Kugel hoch in die Luft und _____ sie wieder auf.

2 Der kleine Kerl _____ aus voller Kehle: „Ach wie gut, dass niemand weiß, dass ich ... heiß!"

3 Als die Geißenmutter nach Hause _____, _____ sie ihr Kleinstes im Uhrenkasten.

4 Sie _____ die Hexe in den Ofen und _____ die Ofentür.

5 Sie _____ den Apfel und _____ hinein. Da _____ sie tot auf die Erde.

rechtschreiben

3. Mit viel Fantasie erzählen **A**

3 Rechtschreibprogramme am Computer benützen

a In jedem Beispiel hat der Computer zwei Rechtschreibfehler richtig angezeigt und einen Fehler übersehen. Korrigiere jeweils drei Rechtschreibfehler. Schreib die Wörter richtig.

○ „Warum hasst du so grose Augen?", fragte Rotkäppchen den Wolf.
„Damit ich dich besser sehen kan", antwortete dieser.

○ Die Muter gab Rotkäppchen einen Korb mit Kuchen und Wein, und das Medchen machte sich auf den weg in den Wald.

○ Als der Jeger am Haus der Großmutter vorbeikam, hörte er laues Schnachen.

b In welcher Reihenfolge kommen die Sätze aus Aufgabe **a** im Märchen *Rotkäppchen* vor? Schreib 1, 2, 3 vor die Sätze.

c Korrigiere die Rechtschreibfehler, die der Computer markiert hat. Achtung: Für fünf Fehler passen die Vorschläge des Computers nicht. Welche Vorschläge des Computers kannst du verwenden? Markiere die Vorschläge.

1
Es lebten einst, vieleicht noch heute,
zwei königliche Eheläute,
die sehr betrübt gewehsen sind:
Sie wünschden sich so sehr ein Kind,
... so etwas Süses, Liebes, Kleines, ...,
sie krigten aber leider keines.

viel eicht / **vielleicht**
Ehe läute / Eheleute / Ehe laute
gewehten / gewaschen / gewesen
wünschen / Wünsch den / wünschten
Suses / Südes / Seses
kriegten / kragten

2
Ein Esel hatte Huckepak
Getreide- um Getreidesack
zur Mülle, ohne je zu klahgen,
sein Eselleben lang getragt.
Als er nun in die Jahre kamm,
da ward er seinem Herrn zu lam,
und der misgönnte es dem Grauen,
sein Gnadenbrod bei ihm zu kauen.

Huckepack
Müller / Malle / Molle
Klage / klangen / Klängen
gefragt / getagt / geragt
Kamm / kam / klamm
Lamm / Alm / Lama
Missgönnet / missgönnte / missgönnten
Gnadenbrot / Gnadenbrots / Gnaden Brod

d Lies die beiden Gedichtanfänge in Aufgabe **c**. Welche Märchen erzählen die Texte? Ergänze 1 und 2.

Märchen ○: *Die Bremer Stadtmusikanten*   Märchen ○: *Dornröschen*

B Erzähl einmal!

1 Interessant erzählen

a Lies das Märchen. Die Sätze ①–⑤ sollen die Geschichte lebendiger und interessanter machen. Ergänze sie an der richtigen Stelle.

Die Prinzessin auf der Erbse

Es war einmal ein Prinz, der wollte eine wirkliche Prinzessin heiraten. ◯¹ Doch er konnte keine finden. Eines Abends gab es rund um das Schloss ein furchtbares Gewitter. ◯² Da klopfte es ans Schlosstor und eine junge Frau stand ganz durchnässt davor. Die Frau erzählte, dass sie eine Prinzessin sei, und der König lud sie ein, die Nacht im Schloss zu verbringen. Doch die Königin hatte Zweifel. ◯³ Sie legte auf das Bett der Prinzessin eine Erbse und darauf zwanzig Matratzen und zwanzig Daunendecken. Am nächsten Tag wollte die Königin von der Prinzessin wissen, ob sie wohl gut geschlafen habe. „Oh nein, entsetzlich schlecht!", antwortete diese. ◯⁴ ◯⁵ Der Prinz wusste nun, dass er eine wahre Prinzessin gefunden hatte. Er nahm sie zur Frau und sie lebten glücklich und zufrieden bis an ihr Lebensende.

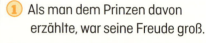

① Als man dem Prinzen davon erzählte, war seine Freude groß.

② „Ich habe auf etwas Hartem gelegen, so dass ich am ganzen Körper braun und blau bin! Es war entsetzlich!"

③ Es blitzte und donnerte, der Regen strömte herab, ja es war, als hätte der Himmel alle seine Schleusen geöffnet.

④ So begab er sich auf die Suche. Er suchte nach einer wirklichen, einer echten Prinzessin.

⑤ „Ich will sehen, ob sie eine wirkliche Prinzessin ist", dachte sie.

b Wo kommt es in Andersens Märchen zu einer unerwarteten Wendung? Markiere die Stelle im Text in Aufgabe **a**.

2 Interessant erzählen – Unerwartete Wendungen

a Lies die Situationen. Welche Fortsetzung enthält eine unerwartete Wendung? Wähl aus.

1 Eine Katze sitzt vor einem Mäuseloch.
  - Ⓐ Die Maus schaut aus dem Mäuseloch, versteckt sich aber sofort wieder.
  - Ⓑ Plötzlich hört die Katze den Nachbarshund hinter sich.

2 Max sitzt am Mittagstisch.
  - Ⓐ Er möchte zu essen beginnen, da ist der Teller vor ihm plötzlich verschwunden.
  - Ⓑ Er freut sich, weil es seine Lieblingsspeise gibt.

3 Petra hat ihr Hausaufgabenheft vergessen.
  - Ⓐ Sie entschuldigt sich bei der Lehrerin.
  - Ⓑ Die Sitznachbarin nimmt Petras Heft aus ihrer Schultasche.

4 Gabriele will ihre Zähne putzen.
  - Ⓐ Sie gibt Zahnpasta auf ihre Zahnbürste und beginnt zu putzen.
  - Ⓑ Sie beginnt zu putzen, doch die Zahnpasta schmeckt heute anders.

3 Interessant erzählen – Wiederholen und verstärken

a Ergänze die Sätze mit den Wörtern aus dem Kasten. Wo erkennst du eine Wiederholung (W), wo erkennst du eine Verstärkung (V)? Schreib W oder V in die Kreise.

| bis es nur noch ein Punkt am Horizont war | Sie wuchs und wuchs |
| und immer näher | und ihre Hände wurden ganz feucht | und dann noch einmal |

1 Er klingelte einmal, _____, doch anscheinend war niemand zu Hause. ◯

2 Karin war eigentlich nie nervös vor einem Konzert, doch diesmal klopfte ihr Herz schneller, _____. ◯

3 Das Raumschiff entfernte sich. Es wurde immer kleiner, _____, dann war es verschwunden. ◯

4 Dann sahen sie die Schlange. Sie kam näher _____. ◯

b Steigerungen: Ordne die Wörter, indem du +, ++ und +++ notierst. Finde dann selbst fünf weitere Beispiele und schreib sie in dein Heft.

brennen	++	verbrennen	+++	zündeln	+
joggen		gehen		sprinten	
schütten		nieseln		regnen	
hochspringen		wedeln		umwerfen	
laut		ohrenbetäubend		leise	
Puppe		Raupe		Schmetterling	

4 Interessant erzählen – Sinneseindrücke

a Ordne die Verben aus dem Kasten den fünf Sinnen zu. Wie viele weitere Verben kannst du finden?

lauschen	schmerzen	nagen
schnüffeln	wittern	kauen
beobachten	schmatzen	abhören
schnuppern	berühren	übersehen
~~empfinden~~	zuhören	besichtigen

hören	sehen	riechen	fühlen	schmecken
			empfinden	

b Ergänze die Sätze mit den richtigen Verben aus Aufgabe **a**.

1 Am Nachmittag wollten sie die Sehenswürdigkeiten der Stadt _____.

2 Die Jäger näherten sich dem Bären gegen den Wind, so dass er sie nicht _____ konnte.

3 Er hat sich vom Unfall schnell erholt, nur die rechte Hand _____ ihn noch immer.

4 Unser Goldhamster _____ manchmal leider auch an unseren Möbeln.

5 Interessant erzählen – Adjektive

a Lies den Zeitungsartikel und streich die falschen Adjektive durch.
Gab es den Wassermann im Schotterteich wirklich?

Wassermann im Schotterteich

„Er hatte ein hässliches/~~hübsches~~ Froschmaul mit weiten/spitzigen Fischzähnen und winzige/große Glupschaugen, ... und dann hat er mich mit seinen warmen/glitschigen Händen angefasst und wollte mich unter Wasser drücken." Franz M. war nach seinem täglichen/nächtlichen Erlebnis am Schotterteich auch vor der Polizei noch ganz glücklich/verstört. Nach einem feierlichen/fröhlichen Fest, bei dem offensichtlich/unbeeindruckt auch viel/wenig Alkohol geflossen war, hatten Franz M. und zwei Freunde beschlossen, in den seichten/nahen Schotterteich schwimmen zu gehen. Das fröhliche/neugierige Planschen hatte den Obdachlosen Wendelin K. aufgeweckt, der am Ufer des Schotterteiches manchmal sein Nachtquartier aufschlägt. „Er hat leise/laut gerufen und im tiefen/nassen Wasser gezappelt, ich habe gedacht, dass er dringend/vorwurfsvoll Hilfe braucht", erklärte Wendelin K. der Polizei. „Wie er mich mit einem Wassermann verwechseln konnte, ist mir unklar/verständlich." Für die Polizisten war die Verwechslung nicht ganz so rätselhaft/angeberisch. „Wenn es hell/dunkel ist und man nicht mehr ganz böse/nüchtern ist, kann es gefährlich/leicht sein, dass man Gespenster, Geister und auch liebe/unheimliche Wassermänner sieht."

b Schreib jeweils sechs Adjektive aus dem Text aus **a** in die Tabelle.

Adjektive mit Endung	Adjektive ohne Endung
hässliches	

c Finde möglichst viele Adjektive für eine gute Beschreibung der Märchenfiguren aus dem Kasten. Schreib deine Lösungen in dein Heft.

| Hexe | Elfe | Gespenst | Zauberer | Werwolf | Nixe | Kröte |

Gesicht: faltig, oval, rund, spitz, zart, ...
Augen: grün, bernsteinfarben, ...
Nase: gekrümmt, lang, fleischig, ...
Lippen: breit, schmal, ...

Zähne: spitz, lang, ...
Beine, Arme: muskulös, dünn, ...
Hände/Finger: knöchern, ...
Haare: lockig, blond, ...

d Beschreibe eine Märchenfigur, ohne den Namen zu nennen. Die anderen raten, wen du beschrieben hast.

Die Figur hat ... Ihre Augen ...

rechtschreiben

3. Mit viel Fantasie erzählen **B**

6 Rechtschreibhilfen benützen – Wörterbücher

a Im Wörterbuch suchen: Unter welchen Stichwörtern findest du die folgenden Wortformen? Ordne zu und schreib die Stichwörter auf.

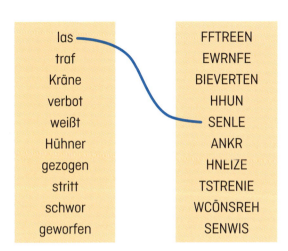

las — FFTREEN
traf — EWRNFE
Kräne — BIEVERTEN
verbot — HHUN
weißt — SENLE
Hühner — ANKR
gezogen — HNEIZE
stritt — TSTRENIE
schwor — WCÖNSREH
geworfen — SENWIS

Er pfiff.

Sie pfiff.

pfei|fen starkes Verb. a) mit dem [gespitzten] Mund durch Ausstoßen und Einziehen der Atemluft einen Pfeifton, eine Folge von [verschiedenen] Pfeiftönen hervorbringen b) pfeifend ertönen lassen

lesen, ...

b Lies die Erklärung. Streich dann die Verben durch, die du nicht in der Liste der unregelmäßigen Verben im Wörterbuch findest. Schreib für die anderen Verben die Stammformen auf.

Verbformen im Wörterbuch finden
In deinem Wörterbuch oder im Internet findest du eine **Liste mit unregelmäßigen Verben**. Unregelmäßige Verben ändern in den Stammformen ihren Stammvokal (singen – sang – gesungen).

~~schlafen~~	brechen	leihen	liegen	tanzen	treffen
pflanzen	frieren	helfen	fließen	riechen	sterben
suchen	spielen	kochen	leben	wohnen	wiegen

schlafen – schlief – geschlafen

c Ergänze die fehlenden Buchstaben bei den Stammformen und markiere, ob die Vokale davor kurz (•) oder lang (–) sind.

ko**mm**en (•)	ka**m** (–)	gcko____en
ne____men	na____	geno____en
verge____en	verga____	verge____en
fa____en	fie____	gefa____en
e____en	a____	gege____en
bi____en	ba____	gebe____en

ZIEL.Deutsch 1 Übungsbuch

C Fantasy

1 Fantasiegeschichten mit Fantasy-Figuren

a Zwei Fantasy-Figuren haben ihre Kindheitserinnerungen aufgeschrieben. In jedem Text sind drei Erinnerungen inhaltlich falsch. Such die falschen Sätze und streich sie durch.

Adriana (Nixe)

Ich hatte eine wunderbare Kindheit. ~~Ich habe in einer alten Burg gewohnt.~~ Nachts habe ich in einem Algenbettchen geschlafen und tagsüber bin ich mit Delfinen um die Wette geschwommen. Das hat Spaß gemacht. Meinen Freunden, den Fischen, habe ich manchmal geholfen. Ich habe Fischernetze zerrissen und den Tauchern die Harpunen weggenommen. Ich habe sehr gerne Fußball gespielt. Mit zehn Jahren habe ich die Fahrradprüfung gemacht. In einem versunkenen Segelschiff habe ich einmal einen Schatz entdeckt. Ich kann dir zeigen, wo er ist. Komm doch einfach mit …

Damon (Zauberer)

Ich glaube, ich war kein besonders braves Kind. Einmal habe ich meinen Freund Schweinsohren gezaubert. Außerdem habe ich immer wieder meinen Zauberstab irgendwo vergessen. Das Zaubern hat mir gut gefallen. Ich habe nicht an Zauberer und Hexen geglaubt. Deshalb habe ich auch alle Zaubersprüche aus dem Zauberbuch meines Vaters auswendig gelernt. Ich habe in der Geisterstunde gespukt. Einmal habe ich Gummibärchen in Grizzlys verwandelt, das hat Spaß gemacht! Ich habe auf einem alten Segelschiff gelebt und dort Unsinn getrieben. Wenn du willst, bring ich dir ein paar nützliche Zaubersprüche bei. Vielleicht interessiert es dich ja, wie man jemandem Schweinsohren zaubert …

b Unterstreiche in den Texten die Prädikate <u>rot</u>. Such die sieben unregelmäßigen Partizipien (Endung –en) und schreib ihre Stammformen in dein Heft.

schlafen – schlief – geschlafen

c Schreib acht Sätze im Perfekt mit Erinnerungen aus deiner Vergangenheit. Zwei Sätze sollten erfunden sein.

Haustier(e) bekommen	oft Cola/Tee … trinken
beim Radfahren/… erleben/ … stürzen	sich beim … verletzen
Jonglieren/Einradfahren/Türkisch/Schwimmen … lernen	bei … mitmachen
einen Fernsehstar/einen Popstar/… treffen	nach … fahren
nie/immer Schokolade/Gemüse … essen	Ski fahren

Ich habe nie Legobausteine bekommen.

 d Lies deine Sätze vor. Die anderen erraten die erfundenen Sätze.

3. Mit viel Fantasie erzählen c

2 Früher und heute: Präsens, Perfekt und Präteritum

a Lies den Text. Welche Fantasyfigur hat ihn geschrieben?

> Liebe Samira,
> ich wohne jetzt schon vier Wochen in dieser öden Aluminiumdose. Es ist schrecklich, aber ich finde nichts Besseres, es gibt heute offenbar nur noch hässliche Glas- und Plastikflaschen. Da wohne ich lieber in einer Coladose. Früher konnte man wunderschön geformte Karaffen finden. In den Flaschen hat es oft nach Gewürzen oder edlem Wein gerochen. Da habe ich mich wohlgefühlt. Gerne habe ich den einen oder anderen Wunsch erfüllt, wenn jemand die Flasche geputzt hat. Man musste damals auch nicht lange auf den Putzdienst warten. Aber heute? Wer putzt schon eine leere Coladose? Suchst du auch immer noch nach einem passenden Zuhause?
> Dein Karim

Lösung:

b Lies den Text noch einmal und ergänze die Sätze. Wie war es früher, wie ist es heute?

Früher konnte Karim ein schönes Zuhause finden, heute ... _____

_____.

Früher musste Karim nicht lange auf seinen „Putzdienst" warten, heute ... _____

_____.

c Markiere im Text alle Verben, die beschreiben, wie es früher war.

In den Flaschen <u>hat</u> es oft nach Gewürzen oder edlem Wein <u>gerochen</u>.

d Welche Verben aus dem Kasten erzählen, wie es früher war, welche erzählen, wie es heute ist? Ordne zu und finde für jede Spalte vier weitere Verben.

war   hilft
ist ... geschwommen
musste ... suchen
kamen   holt ... ab
weiß   singen
will ... reisen
durften ... spielen

heute Präsens	**früher** Perfekt oder Präteritum
	ist gefahren

e Früher und heute. Was war früher anders? War es besser oder schlechter? Schreib vier mal drei Sätze. Denk dabei an die Themen im Kasten.

Verkehr   Schule   Unterhaltung (Kino, Fernsehen, ...)   Freunde   Kommunikation   Wohnen

Früher konnte man keine Handys kaufen. Heute hat jeder ein Handy.
Ich bin nicht sicher, ob das besser ist.

3 Fantasiegeschichten schreiben

a Lies die Themen zu den Fantasiegeschichten. Zu welchem Thema passen die Anfänge?

> **①** Herr Groß saß auf seiner Couch vor dem Fernseher und sah sich seine Lieblingsfernsehserie an. Da bemerkte er, wie die Polster neben ihm größer und immer größer wurden ...

> **②** Mesut wollte gerade den Korb mit schmutziger Wäsche zur Waschmaschine tragen, da begann sein T-Shirt mit ihm zu sprechen ...

> **③** Meliha hatte gerade ihre Fische gefüttert und sah ihnen dabei zu, wie sie das Futter aufnahmen. Da schwamm ein Fisch zur Scheibe des Aquariums und sah sie an. Er machte sein Maul auf und zu, und plötzlich ...

> **④** William saß im Schrank und freute sich über sein tolles Versteck. Hier würden ihn seine Freunde nie finden. Er wartete zehn Minuten, und als ihn offensichtlich niemand suchte, öffnete er die Tür. Er traute seinen Augen nicht. Er war auf einem Segelschiff, mitten auf dem Ozean ...

- ◯ Ein Gegenstand beginnt zu sprechen.
- ◯ Ein Haustier beginnt zu sprechen.
- ◯ Jemand wird plötzlich klein.
- ◯ Jemand reist in ein Fantasieland.

b Lies Avas Schreibplan. Zu welchem Thema aus Aufgabe **a** passt er?

> *beschwert sich über ein Loch*
> *muss genäht werden*
> *sehr wehleidig*
> *wird nicht genäht*

◯

c Avas Text ist leider zu kurz geworden. Schreib den Text neu. Die Fragen in der Fundgrube können dir helfen.

> *Das T-Shirt beschwerte sich bei Mesut. Es hatte nämlich ein Loch. Jetzt musste es genäht werden. Aber das T-Shirt war sehr wehleidig. Da beschloss Mesut, das Loch nicht zu nähen. Das T-Shirt war zufrieden.*

FUNDGRUBE
- Wo findet das Gespräch mit dem T-Shirt statt?
- Was sagen und denken Mesut und sein T-Shirt?
- Wie fühlen sie sich?
- Wie sieht das T-Shirt aus?
- Von wem hat Mesut es bekommen?
- Wie ist es zu dem Loch im T-Shirt gekommen?
- Wie beschreibt das T-Shirt seine Wehleidigkeit?
- Welche Beispiele führt es dafür an?
- Was tut Mesut nach dem Gespräch mit dem T-Shirt?

Wilfried Krenn • Herbert Puchta

ZIEL. Deutsch 1

Lösungen zum Sprach- und Übungsbuch

Inhaltsverzeichnis

ZIEL.Deutsch 1 – Sprachbuch

Lösungen zum Modul 1 (Sprachbuch-Seiten 5–32) 3

Lösungen zum Modul 2 (Sprachbuch-Seiten 33–60) 5

Lösungen zum Modul 3 (Sprachbuch-Seiten 61–88) 7

Lösungen zum Modul 4 (Sprachbuch-Seiten 89–116) 9

Lösungen zum Modul 5 (Sprachbuch-Seiten 117–144) 11

Lösungen zum Modul 6 (Sprachbuch-Seiten 145–172) 14

ZIEL.Deutsch 1 – Übungsbuch

Lösungen zum Modul 1 (Übungsbuch-Seiten 4–15) 16

Lösungen zum Modul 2 (Übungsbuch-Seiten 16–27) 17

Lösungen zum Modul 3 (Übungsbuch-Seiten 28–39) 19

Lösungen zum Modul 4 (Übungsbuch-Seiten 40–51) 20

Lösungen zum Modul 5 (Übungsbuch-Seiten 52–63) 21

Lösungen zum Modul 6 (Übungsbuch-Seiten 64–75) 22

ZIEL.Deutsch 1, Lösungen zum Sprach- und Übungsbuch

Autorenteam: Wilfried Krenn, Herbert Puchta
Redaktion: Sabine Eckert
Umschlaggestaltung: Sandra Dietrich; Marinas Medien- und Werbeagentur, Innsbruck
Satz: Carmen Zingerle, Marinas Medien- und Werbeagentur
Druck: Athesia Druck, Innsbruck

1. Auflage: A1² 2018
© 2017 Helbling Innsbruck • Esslingen • Bern-Belp
Alle Rechte vorbehalten

Dieses Werk ist in allen seinen Teilen urheberrechtlich geschützt. Jede Verwendung außerhalb der engen Grenzen des Urheberrechts bedarf der Zustimmung des Verlages. Dies gilt insbesondere für Vervielfältigungen jeglicher Art, von der Fotokopie, Mikroverfilmung, Einspeicherung und Verarbeitung in elektronischen Medien bis zur Übersetzung – auch bei entsprechender Nutzung für Unterrichtszwecke in Netzwerken und Intranets.

Lösungen – ZIEL.Deutsch 1
Sprachbuch

MODUL 1:

1A1a
1. richtig; 2. falsch; 3. falsch; 4. Decken; 5. sehr weit; 6. Stammesmitglieder; 7. ... sie raffinierte Kommunikationsmittel hatten; 8. ... aus der Kombination dieser Signale eine Nachricht entstand; 9. ... es Tag war.

1A2a
1. Zeile: 6 Tankstelle; 2 warm; 4 Kino; 1 Friede; 2. Zeile: 3 laufen; 7 Liebe; 5 kalt; 8 schwimmen.

1A2b
Namenwörter; Zeitwörter; Eigenschaftswörter.

1A2c
Nomen: Friede, Kino, Tankstelle, Liebe; Verben: laufen, schwimmen; Adjektive: warm, kalt.

1A2d
bestimmten; unbestimmten; großgeschrieben.

1A2e
Maskulinum: der Friede; Femininum: die Tankstelle, die Liebe; Neutrum: das Kino.

1A3b
1. möchte ins Kino gehen; 2. ein SMS mit fröhlichen Smileys; 3. Anna sie nicht dabei haben möchte; 4. richtig; 5. falsch; 6. falsch; 7., 8.: Individuell zu beantworten; 9. Smileys, kurze/unvollständige Sätze, mehrere Satzzeichen.

1A3c
Hier ist deine eigene Kreativität gefragt.

1A3d
bb; Wg?; gg; kA; :O; :P.

1A4a
1, 2, 3: einen Formel-1-Wagen: Was sieht man auf dem Poster an der Wand deines Zimmers?
eine Gitarre: Was ist dein Lieblingsinstrument?
mit dem Fahrrad: Wie kommst du bei schönem Wetter in die Schule?
der Hund unserer Nachbarn: Wer beginnt jeden Morgen um 6 zu bellen?
4: Hier ist deine eigene Kreativität gefragt.

1A4b
Satzanfang.

1A4c
Wer/Was?; Wessen?; Wem?; Wen/Was?.

1A5a
Foto; interessanten; Gefahr; klingen; Adler; Erdmännchen; klettern; hohen; Erdloch; Warnlaut.

1A5b
sechs Nomen; zwei maskulin; eines feminin; drei neutral; zwei Adjektive; zwei Verben.

1A6a
1. bei Ihrem Vater; 2. zu Hause; 3. ihre Freundin besuchen; 4. Daniel; 5. Nadines Mutter, Nadine; 6. Nadine.

1A6b
Text 2.

1A6c
Mögliche Antwort: Ach, Mama. Ich möchte zur Dorli gehen. Das Theaterstück interessiert mich nicht. Es tut mir leid, dass ich so negativ bin. Ich hoffe, du verstehst, dass mich das Theaterstück nicht interessiert, ich bin doch schon elf Jahre alt. Ich würde doch gerne mitgehen. Ist das in Ordnung?

1A7a
Adler; Schlange; Wildhund.

1A7b
der Adler, dem Adler, den Adler; des Zebras, dem Zebra, das Zebra; die Kuh, der Kuh, der Kuh.

1A7c
Adler: ein Adler, eines Adlers, einem Adler, einen Adler; Zebra: ein Zebra, eines Zebras, einem Zebra, ein Zebra; eine Kuh, einer Kuh, einer Kuh, eine Kuh.

1A8a
Bruder; Ohrfeige; Hände; Kraft; Gewalt; Familie;
2 überschüssige Nomen: Spiel; Auge.

1A8b
1. den Brief; 2. das Postauto; 3. den Computer; 4. des Telefons; 5. die Füllfeder; 6. der Antenne; 7. der Postkarte.

1A9a
Satzanfang; klein; groß.

1A9b
Seit dem frühen Morgen hat Häuptling Kühner Blick Rauchzeichen gesendet. Hungriger Wolf hat ihn genau beobachtet. „Sag mal, wie viel Holz braucht man eigentlich, wenn man den ganzen Tag Rauchsignale sendet?", fragt er. Kühner Blick denkt kurz nach. Dann meint er: „Das kommt darauf an, ob man ins Ausland oder im Inland telefoniert."

1A9c
Nasen; kraulen; den; Begrüßen; Hände; Gesicht; beriechen; Wangen.
Übrige Buchstaben: s, v, b.

1B1c
1. richtig; 2. falsch; 3. richtig; 4. interessant; 5. Geschwister; 6. älter als; 7. Zu Jans Familie; 8. Jeweils 2; 9. Sie stammt aus einer Großfamilie.

1B1d
1, 2, 3, 4, 5.

1B2
dein; sein; euer; ihr.

1B2a
Meine; Unsere; Ihr; Mein; Seine; eure; Deine.

1B2b
Beispiellösung:
Jans Mutter heißt Maria, wie heißt ihr Mann?
Annas Enkel heißen Andrea, Andreas und Jan, wie heißt deren Tante?
Klaus ist der Mann von Maria, wie heißt seine Schwägerin?
Andrea ist die Schwester von Andreas, wie heißt ihr Opa?
Gerda ist Marias Schwester, wie heißen ihre Neffen?

1B3b
1. eine Strafarbeit; 2. der Lehrerin; 3. nichts gelernt; 4. er die Lehrerin duzt; 5. den Satz 50-mal schreibt; 6. er darüber eine Strafarbeit geschrieben hat; 7. Der Schüler duzt die Lehrerin wieder; 8. und 9. Individuell zu beantworten.

1B3c
1. Mario, Klaus; 2. Gabi.

1B3d
Unsere Sprache ist so schon kompliziert genug.
Im Englischen gibt es auch nur das Du.
Ich möchte nicht mit jedem Fremden gleich per Du sein.
Außerdem kann man mit dem Sie seinen Respekt zeigen.
Man muss nicht immer überlegen, ob man zu jemandem du sagen darf oder noch Sie sagen muss.

Der Rest ist individuell zu beantworten.

1B3f
1. richtig; 2. richtig; 3. falsch; 4. nicht; 5. ihre Biolehrerin; 6. nicht so gut; 7. Individuell zu beantworten; 8. Emoticons C, Formelle Anrede S, Sie-Form S, Informeller Gruß C, Formelle Grußformel S, Höfliche Anrede S, Unvollständige Sätze C, Du-Form C; 9. Individuell zu beantworten.

1B4a
Einladung 1: Hauseinweihung; Einladung 2: Halloweenparty.

1B4b
Einladung 1: Ort und Uhrzeit; Einladung 2: Datum und Uhrzeit.

1B4c
Hier ist deine eigene Kreativität gefragt.

1B5a
1. eure – E; 2. deine – E; 3. unseren/deinen/meinen/euren – K; 4. meine – K; 5. ihre – E; 6. seine – E.

1B5b
Hier ist deine eigene Kreativität gefragt.

1B5c
mein Hund, meines Hundes, meinem Hund, meinen Hund; deine Katze, deiner Katze, deiner Katze, deine Katze; sein Pferd, seines Pferdes, seinem Pferd, sein Pferd; ihr Sittich, ihres Sittichs, ihrem Sittich, ihren Sittich; unser Pony, unseres Ponys, unserem Pony, unser Pony; eure Spinne, eurer Spinne, eurer Spinne, eure Spinne.

1B5d
der Schwiegersohn; die Schwägerin; der Neffe; der Stiefvater; die Schwiegermutter; der Enkel; die Cousine.

1B5e
viele Möglichkeiten

1B5f
Falsche Nomen/Verben: Familien; sind; Bruder; Schwester; Schwester; Bruder; hat; Mütter; haben; Tante; haben; Cousin; Cousine; war; Verwandte; Familienmitglied; Katze; waren; Schwester; Bruder; Freunde; wären. Katja ist eine Maus.

1B6a
Ihr Mitschüler Thomas hat sich eine DVD von ihr ausgeborgt und nicht zurückgegeben.

1B6b
Sehr geehrter Herr Bergmann; Sie; aus meiner persönlichen Videothek; entliehen; die vereinbarte Leihfrist; abgelaufen; Sie; das Leihobjekt umgehend zurückzugeben; Ich sehe mich sonst gezwungen Ihnen eine tägliche Leihgebühr; zu verrechnen; Die Gebühr wäre; zu entrichten; Ihre angespannte finanzielle Situation nicht weiter verschärfen zu müssen und verbleibe mit freundlichen Grüßen.

1B6c
Hier ist deine eigene Kreativität gefragt.

1B7a
5; 2.

1B7b
groß; nur am Satzanfang.

1B7c
Hallo Max,
bist du wieder von deiner Familienfeier zurück? Wie war es, hast du diesmal wieder so viel Eis gegessen wie das letzte Mal? ...
Sehr geehrter Herr Neuwirth,
wir haben Ihre Rechnung zu Hause durchgesehen. Könnten Sie kontrollieren, ob Ihnen nicht doch ein Fehler passiert ist? Vor allem die Anzahl der Eisbecher, die Sie uns verrechnet haben, erscheint uns sehr hoch. ...
Hier ist deine eigene Kreativität gefragt.

1C1a
Platz 1: Katze; Platz 2: Hund; Platz 3: Fische; Platz 4: Meerschweinchen.

1C1b
1 500 000 Katzen; 581 000 Hunde; 120 000 Aquarien; 64 000 Meerschweinchen.

1C1c
3. Gepard; 4. Waschbär; 1. Giftschlange; 6. Vogelspinne; 5. Stachelschwein; 2. Alligator.

1C1d
Giftschlangen: Sie sind sehr schnell, deshalb entkommen sie leicht und werden auch zur Gefahr für andere.
Alligatoren: Sie werden sehr schnell zu großen Raubtieren, die bis zu 7 Meter lang und 70 Jahre alt werden können.
Geparden: Das Gefährliche ist, dass man glaubt, das Tier gut zu kennen und gezähmt zu haben, und plötzlich wird es zur gefährlichen Raubkatze. Es gibt immer wieder Unfälle, so auch zum Beispiel im Zirkus oder in Zoos.
Waschbären: Sie sind gefährliche Beißer und machen alles im Haus kaputt.
Stachelschweine: Wenn sie sich bedroht fühlen, können sie mit ihren Stacheln schlimme Verletzungen zufügen.
Vogelspinnen: Die Arten, die in der Tierhandlung verkauft werden, sind harmlos, sofern man nicht gegen das Gift allergisch ist.

1C2a
Hier ist eure eigene Kreativität gefragt.

1C2c
Stechmücke: Verb stechen + Nomen Mücke; Buntspecht: Adjektiv bunt + Nomen Specht; Graupapagei: Adjektiv grau + Nomen Papagei; Brüllaffe: Verb brüllen + Nomen Affe; Kletterfisch: Verb klettern + Nomen Fisch.

1C2d
Hier ist eure eigene Kreativität gefragt.

1C3b
1. falsch; 2. richtig; 3. richtig; 4. nicht gestört; 5. die Familie Mürrisch; 6. keinen Hahn hält; 7 – 8: Individuell zu beantworten.

1C5a, b, c
Hier ist eure Kreativität gefragt.

1C6a
Sandkuchen; Orgelpfeifen; Glühwein; Hühneraugen; Schnabelschuhe; Kettenhemden; Dampfnudeln.

1C6b
Beispiellösung:
Sandkuchen ist ein trockener Kuchen, der schnell bröselt. Die Brösel sehen aus wie Sand.
Orgelpfeifen sind die Rohre, in denen beim Orgelspielen der Klang erzeugt wird.
Glühwein ist ein Getränk, dass aus Wein und Gewürzen besteht. Die Zutaten werden gemeinsam erhitzt und das Getränk wird anschließend heiß getrunken.
Hühneraugen sind schmerzende Stellen an den Füßen, die meistens durch zu enge Schuhe entstehen. Sie ähneln in Form und Aussehen den Augen von Hühnern.
Schnabelschuhe sind Schuhe, deren Spitze lange und gekrümmt ist und damit so ähnlich aussieht wie ein Schnabel. Sie wurden vor allem im Mittelalter getragen.
Kettenhemden sind Teil von Ritterrüstungen. Sie bestehen aus Eisenringen, die zu Ketten zusammengefügt sind und den Oberkörper vor Verletzungen schützen sollen.
Dampfnudeln bestehen aus Hefeteig, der in einem zugedeckten Topf gedämpft wird. Im Gegensatz zu dem, was wir für gewöhnlich als Nudeln bezeichnen, werden sie jedoch als Süßspeise gegessen.

1C6c
Beispiellösung:
Taschenuhr – Uhrzeiger; Kettenhemd – Hemdsärmel – Ärmelkanal – Kanaldeckel; Weihnachtsbaum – Baumkrone – Kronzeuge – Zeugenstand – Standbild – Bildschirm – Schirmkappe; Schreibtisch – Tischbein – Beingips – Gipsfarbe – Farbfilm – Filmschule – Schulstunde – Stundenzeiger; Lesebuch – Buchseite – Seitenangabe; Feuerwerk – Werkzeug.

1C6d
Hier ist deine eigene Kreativität gefragt.

1C6e
Hier ist eure Kreativität gefragt.

1C6f
-heit: Schönheit, Trägheit; -keit: Sauberkeit; -ung: Verantwortung, Fütterung, Impfung; -schaft: Freundschaft; -er: Verkäufer; -in: Pflegerin, -igkeit: Hilflosigkeit; -nis: Geheimnis.

1C7a
Individuell zu beantworten.

1C7b
Ich; du; du; du; Wir; wir; ich.

1C7b 1
Im Urlaub.

1C7b 2
Sie schreibt ihm einen Brief, weil Andreas sich nicht bei ihr meldet.

1C7b 3
weiß; schreibst; hast; meldest; haben verstanden; wollten bleiben; habe geschrieben; hast geantwortet; versuche.

1C7b 4
4.

1C7c
kann vergessen; ist vergangen; hatten; will sehen; ist; wohnst; könnten sehen; Schreib.

1C7c 1
Im Urlaub.

1C7c 2
Er will sie unbedingt wiedersehen.

1C7c 3
4.
ich; Die Zeit; Wir; Ich; Salzburg; du; wir.

1C7e
1b – Er; 2f – Sie; 3d – Sie; 4a – Sie; 5e – Du; 6c – Es;
Übrige Pronomen: wir; ihr; ich.

1C7f
sie = die Katze; er = Markus; es = das Handy; sie = unsere Kinder; du = Stefan; Sie = Frau Steiner.

1C7g
Hier ist deine eigene Kreativität gefragt.

1C7h
Hier ist eure Kreativität gefragt

C8a

Acht; brummige Cellisten; dösen eigensinnig; flunkern gerissen; heulen irrsinnig; jaulen kläglich; lecken Milch; nuckeln Orangen; piepsen quiekend; rasseln schaurig; toben unmäßig; verblüffen wackere; x-beinige Ybbser; Zwillinge.

1C8b

Ä, Ö, ß, Ü.

1C8c

Individuell zu beantworten.

1C8d

Beispiellösung:
Satz ohne A: Ich gehe ins Kino. Tom ist ein guter Freund. Du gehst heute früher ins Bett.
Satz ohne E: Lisa ist hungrig. Tanja kommt morgen nicht. Schläfst du schon?
Satz ohne I: Ronald geht heute klettern. Wo warst du gestern? Leo hat fünf Bücher bekommen.
Satz ohne O: Gib mir bitte den Stift! Ich bin fast fertig mit der Hausübung. Ich höre sehr gerne Musik.
Satz ohne U: Hat Lena dein Heft eingepackt? Sabine ist heute leider krank. Hat er Geschwister?

1C8e

Ä, Ö, Ü; „scharfes S".

TESTE DICH SELBST

1Ta

1. Handy – N; 2. anrufen – V; 3. schnell – A; 4. lesen – V; 5. Brief – N; 6. Postamt – N.

1Tb

maskulin: der Briefträger, ein Briefträger; der Anruf, ein Anruf;
feminin: die Auskunft, eine Auskunft;
neutral: das Gespräch, ein Gespräch; das Telefon, ein Telefon.

1Tc

1. Was fehlt noch auf dem Briefkuvert? – der Absender – Nominativ;
2. Wen rufst du an? – meinen Freund – Akkusativ,
3. Wem schreibst du das E-Mail? – meiner Tante Jasmin – Dativ;
4. Wessen Stift ist das? – der Stift unserer Biolehrerin – Genitiv;
5. Was wünschst du dir zum Geburtstag? – einen Fußball – Akkusativ;
6. Wer hat an der Tür geklingelt? – der Briefträger – Nominativ.

1Td

mein; Seine; Unser; euer; Ihre; deine; Ihre.

1Te

der Rotstift; der Fahrstuhl; die Briefmarke; der Goldfisch; die Schnellbahn; der Laufschuh.

1Tf

Singular: das Haus, der Käfig, das Handy, die Adresse, der Hamster, der Hahn;
Plural: die Häuser, die Käfige, die Handys, die Adressen, die Hamster, die Hähne.

1Tg

zwei Zahnstocher; sie; Der Igel; der erste Zahnstocher; du; ein Autobus.

1Th

ich; er; sie; wir; ihr.

1Ti

halfen; hatte; stiftete; wollten kämpfen; hatte getötet; gibt;
zweiteilige Prädikate: 2.

MODUL 2:

2A1a

C; A; D; B.

2A1b

A: F-S; B: Auf-S; C: F-S; D: Aus-S.

2A1c

Punkt; Rufzeichen; Fragezeichen.

2A1d

Entsch-F; Erg-F; Aus-S; Auf-S.

2A1e

Der Stuntman fragt: „Kann ich mich irgendwo festhalten?"
Der Fahrer fragt: „Wie lange hast du für die Szene trainiert?"
Der Stuntman sagt: „Ich könnte auch auf das Dach des Lastwagens klettern."
Die Filmregisseurin bittet: „Mach dich bitte für die nächste Szene fertig!"

2A2a

Es hilft der Leserin/dem Leser dabei, sich die Hauptfigur besser vorstellen zu können.

2A2b

lobendig.

2A2c

2; 3; 1; 4.

2A2d

Er meinte: „Ich koche für mein Leben gern." „Aber wie gelingt es dir dich ständig zu verbessern?", fragte ich ihn. „Ich hole mir viele neue Ideen aus dem Internet", antwortete er. „Die probiere ich dann aus." „Das Dessert habe ich extra für Sie zubereitet!", rief er stolz. „Lassen Sie es sich gut schmecken."

2A3a 1

Text 1 – Bild 3; Text 2 – Bild 4; Text 3 – Bild 2.

2A3a 2

Bild 2 – N; Bild 3 – V; Bild 4 – V.

2A3a 3

Hier ist deine eigene Kreativität gefragt.

2A3b 1

Hier ist deine eigene Kreativität gefragt.

2A3b 2

Individuell zu beantworten.

2A4a

T; V; T; T; V; V.

2A4b

Eine Tatsache ist etwas, das sicher stimmt. Eine Vermutung ist etwas, das du glaubst, aber nicht sicher weißt. Du erkennst Tatsachen daran, dass du sie überprüfen kannst – Du musst nur auf das Bild schauen, um zu sehen, ob der Hund ein Golden Retriever ist und ob er braune Augen hat und eine Fernbedienung im Mund trägt. Du kannst jedoch nicht überprüfen, was der Hund oder sein Besitzer denkt oder gerne tut. Deswegen ist alles, was du nicht auf dem Bild erkennen kannst, eine Vermutung und keine Tatsache.

2A4c

Es ist bei Vermutungen sinnvoll.

2A4e

1. Tatsachen: Es trägt tatsächlich das gewünschte Gerät im Maul; Das Bild zeigt einen Hund, der eine Fernbedienung im Maul trägt; Es handelt sich um einen Golden Retriever mit braunen Augen und einem hellbraunen Fell;
2. In Text B werden Adverbien zur Unterscheidung verwendet;
3. Text B;
4. eine Nacherzählung;
5. Hier ist deine eigene Kreativität gefragt.

2A5a

Ein Fahrrad.

2A5b

in diesem Raum; aus Metall; als meine Schultasche; Ist er; wie ein Auto; Benutzt; Besitzt; ihn; Ist; teuer; kann.

2A5c

Ja oder Nein; die Personalform des Verbs; Fragezeichen.

2A5d

Hier ist eure Kreativität gefragt.

2A5e

Wo, Was, Warum – Bild 1; Wem, Wo, Wie lange – Bild 2.

2A5f

Fragewort; zweiter; Fragezeichen.

2A5g

1. In der Mongolei; 2. Sie ziehen durch das Land; 3. Wegen eines Schneesturms.

2A5h

1. Lily; 2. Im Fernsehen; 3. Eine halbe Stunde lang.

2A5i

1A; 2C; 3B; 4A; 5B; 6C.

2A5j

das Prädikat; Rufzeichen.

2A5k

Die Kinder der 1a ziehen ihre Turnschuhe an. Die Schüler schreiben einen Text über ihr Haustier. Mario rechnet das Beispiel noch einmal. Herr Huber schwimmt auf der anderen Bahn. Die Schüler multiplizieren die Zahl mit 623. Lukas zählt der Lehrerin die vier verschiedenen Satzarten auf.

2A5L

Punkt.

2A6a 1
1b); 2a); 3d); 4c).

2A6a 2
b) a) d) c).

2A6b 1
„Es war doch nur Spaß", erklärt Max. „Es hat aber gar nicht so ausgesehen", erwidert Daniela, „wie alt seid ihr denn eigentlich? Müsst ihr euch wirklich wie Dreijährige benehmen?"
Sebastian sucht etwas in seiner Schultasche.
„Hast du mein Federpennal?", fragt er Max. „Ja, und wenn du es zurückhaben willst, hol's dir doch!", antwortet Max übermütig und läuft damit in den Schulhof. „Gib es her!" Sebastian kennt seinen Freund und seine Späße. Er läuft ihm nach. „Ich krieg dich schon noch!", ruft er.

2A6b 2
Vor dem Foto: Text 2; Nach dem Foto: Text 1.

2A6c
Hier ist deine eigene Kreativität gefragt.

2A7a
Laute; Vokale (Selbstlaute).

2A7b
Pustel – Schlafmütze – Brille – Leiter – Einbrecher – Lampe – Vorhang – Fenster – Bett – Mond – Bild.

2A7c
Umlaut: Schlafmütze; Diphthonge: Leiter, Einbrecher.

2A7d 2
Pustel – Schlafmütze – Brille – Leiter – Einbrecher – Lampe – Vorhang – Fenster – Bett – Mond – Bild.

2A7e
Liebe Susi,
Wir können heute leider nicht essen gehen. Ich war gestern einbrechen. Es hat aber nicht geklappt. Du hast mir nicht gesagt, dass der Mann eine Gasheizung hat. Da hat er keine Kohle, sondern Gas. Das brauchen wir aber nicht. Ich bin dann wieder gegangen.
Liebe Grüße, Carlo.

2B1a
Erste Situation: 2; Zweite Situation: 1.

2B1b
Normale Situation: 4, 1; Witz: 3, 2;
Normale Situation: 3, 1; Witz: 4, 2.

2B2a
1. Heuer ist Weihnachten an einem Freitag, B;
2. Ich kenne leider nur den Fliegenpilz; A.

2B2b
1. An der Kassa kauft ein Mann eine Kinokarte. Eine Kinokarte kauft ein Mann an der Kassa. Ein Mann kauft eine Kinokarte an der Kassa. Kauft ein Mann an der Kassa eine Kinokarte? Kauft an der Kassa ein Mann eine Kinokarte?
2. Bei Rot ist ein Autofahrer über die Kreuzung gefahren. Bei Rot ist über die Kreuzung ein Autofahrer gefahren. Über die Kreuzung ist ein Autofahrer bei Rot gefahren. Über die Kreuzung ist bei Rot ein Autofahrer gefahren. Ein Autofahrer ist über die Kreuzung bei Rot gefahren. Ist ein Autofahrer bei Rot über die Kreuzung gefahren? Ist ein Autofahrer über die Kreuzung bei Rot gefahren? Ist bei Rot ein Autofahrer über die Kreuzung gefahren? Ist bei Rot über die Kreuzung ein Autofahrer gefahren? Ist über die Kreuzung ein Autofahrer bei Rot gefahren? Ist über die Kreuzung bei Rot ein Autofahrer gefahren?
3. Zwei Frösche sitzen am Ufer eines kleinen Teiches bei Regen. Am Ufer eines kleinen Teiches sitzen bei Regen zwei Frösche. Am Ufer eines kleinen Teiches sitzen zwei Frösche bei Regen. Bei Regen sitzen zwei Frösche am Ufer eines kleinen Teiches. Bei Regen sitzen am Ufer eines kleinen Teiches zwei Frösche. Sitzen bei Regen am Ufer eines kleinen Teiches zwei Frösche? Sitzen bei Regen zwei Frösche am Ufer eines kleinen Teiches? Sitzen zwei Frösche bei Regen am Ufer eines kleinen Teiches? Sitzen zwei Frösche am Ufer eines kleinen Teiches bei Regen? Sitzen am Ufer eines kleinen Teiches zwei Frösche bei Regen? Sitzen am Ufer eines kleinen Teiches bei Regen zwei Frösche?

2B2c
Subjekte: ein Mann; ein Autofahrer; zwei Frösche;
Prädikate: kauft; ist gefahren; sitzen.

2B3a
Christian: Bild 1; Stefan: Bild 2.

2B3b 1
Hier ist eure Kreativität gefragt.

2B3b 2
Hier ist eure Kreativität gefragt.

2B3b 3
C; S; C; C; S; C; S; C; S.

2B3b 4
Individuell zu beantworten.

2B3c
Hier ist deine eigene Kreativität gefragt.

2B3d
Hier ist deine eigene Kreativität gefragt.

2B4b
fünf; fünfte; ersten und zweiten.

2B4c
D Doch Milch ist gesünder; F Nun übt es Jonglieren ganz brav.

2B4d
Ein jüngerer Herr namens Jensen
war stets in Gesellschaft von Gänsen,
oft konnt' man ihn sehen
im Gänsemarsch gehen,
er war wohl ein Tierfreund, der Jensen.

2B4e
„Holt Felix jetzt den Mond?"; „Dein Hut hat aber viele Haarl."; „du bist nicht mein Elter!".

2B4f
Individuell zu beantworten.

2B5a 1
Am Abend aßen acht alte Ameisen Ananas. Ananas aßen am Abend acht alte Ameisen. Aßen acht alte Ameisen am Abend Ananas?

2B5a 2
Subjekt: acht alte Ameisen; Prädikat: aßen.

2B5a 3
acht alte Ameisen; aßen; am Abend; Ananas.

2B5b 1
1. Katzen – kratzen – im Katzenkasten; 2. in der ganzen Hunderunde – gab – es – nichts als runde Hunde; 3. am zehnten Zehnten – zogen – zehn zahme Ziegen – zehn Meter Zucker – zum Zoo; 4. hinter Hannes Haus – hackt – Hans – hartes Holz; 5. der froschforschende Froschforscher – forscht – in der froschforschenden Froschforschung.

2B5b 2
Subjekte: Katzen; es; zehn zahme Ziegen; Hans; der froschforschende Froschforscher;
Prädikate: kratzen; gab; zogen; hackt; forscht.

2B5c
Peter soll den Mistkübel ausleeren. Bei den Mülltonnen findet er einen Spiegel. Neugierig schaut er in den Spiegel. Dort sieht er sein Spiegelbild. „Das Bild hätte ich wohl auch weggeworfen", denkt er.

2B5d
zum ersten Mal; im Wald; in der Nacht; nur; dort oben; ganz deutlich; wohl; ganz genau; vor kurzem.

2B5a
wohnen: Wohnung, Wohnhaus, Bewohner; Sonne: sich sonnen, sonnig, Sonnenschirm; Rad: Fahrrad, radeln, Riesenrad; Liebe: Lieblingsfarbe, Jugendliebe, lieb; malen: ausmalen, Maler, Malkasten.

2B5b
kaufen – Käufer; läuten – laut; Gebäude – bauen; Länder – Land; erkältet – kalt; ändern – anders.

2B5c
Peter soll den Mistkübel ausleeren.
Bei den Mülltonnen findet er einen Spiegel.
Neugierig schaut er in den Spiegel
Dort sieht er sein Spiegelbild.

2B5d
zu streichende Satzglieder:
zum ersten Mal, im Wald, in der Nacht, plötzlich, nur dort oben, schönen, ganz deutlich, und den Mond, wohl, ganz genau, vor kurzem

2B6a
wohnen: Wohnung, Bewohner, Wohnhaus
Sonne: sich sonnen, sonnig, Sonnenschirm
malen: ausmalen, Maler, Malkasten
Liebe: Lieblingsfarbe, Jugendliebe, lieb
Rad: Riesenrad, Fahrrad, radeln

2B6b
kaufen à Käufer, Laut à läuten, bauen à Gebäude, Land à Länder, kalt à erkältet, anders à ändern

2B6c
Käufer; heftig; erkältet; geläutet; Alpträume; Häusern; Leute; trägt; trägt; fällt; etwas; etwas; hält; keuchend; Endlich; erklärt; nämlich.

2C1a

den Friseur Krüll – 1, 6; eine Kräuselzange – 2, 4, 5; den dicht behaarten Herrn Dümmel – 3, 4, 5, 6.

2C1b

Hier ist eure Kreativität gefragt.

2C1c

Individuell zu beantworten.

2C2a

Individuell zu beantworten.

2C2b

Nachdem; sodass.

2C2c

Als; dass; Während; Nachdem; bis; Als; dass; und.

2C2d

Da; Als; Während; obwohl; dass; Wenn.

2C3b

1. falsch; 2. richtig; 3. seine Geldbörse weg ist; 4. gibt dem Buben die gefundene Geldbörse; 5. dass sie jemand verloren hat; 6. störend.

2C3c

4 Bevor er sich auf den Weg macht,; 1 zuvor; 3 Als Georg zum Supermarkt kommt,; 5 Nachdem Georg sich einen Einkaufswagen genommen hat; 6 Plötzlich; 2 schließlich.

2C3d

Hier ist deine eigene Kreativität gefragt.

2C3e

1; 3; 2; 3; 2; 3; 1.

2C4a

Individuell zu beantworten.

2C4b

A; B; B; A; B; A; B; A.

2C5a

weil, denn, deshalb, da: 2; damit, sodass, um ... zu: 3; wenn, falls: 1; dass: 2; obwohl, trotzdem: 1.

2C5b

Obwohl; Weil; Trotzdem; Deshalb; weil.

C5c

weil; trotzdem; weil; weil; Deshalb; weil.

2C5d

Wäre Jasmin früher nach Hause gekommen, hätte sie verhindern können, dass ihre Eltern dem kleinen Cousin ihre Asterix-Hefte zum Spielen geben. Diese wären dann nicht schmutzig geworden.

2C6a 1

Bild 1: Plötzlich, In der dritten Schulstunde, Während die Kinder schreiben; Bild 2: Als die Lehrerin das Klingeln hört, Bevor ... abheben kann, Dann; Bild 3: Plötzlich, Nachdem ... ihr Handy abgegeben hat, Nachdem ..., Wenig später, Dann, Danach, Während die Kinder schreiben; Bild 4: Plötzlich, Während die Lehrerin telefoniert ..., Nachdem, Als die Lehrerin das Klingeln hört, Dann, Während die Kinder schreiben.

2C6a 2

Beispiellösung:
In der dritten Schulstunde klingelt während der Schularbeit plötzlich Lisas Handy. Bevor sie es ausschalten kann, steht Lisas Lehrerin neben ihr. Sie sieht verärgert aus und verlangt das Handy. Daraufhin gibt Lisa es ihr und wendet sich danach wieder der Arbeit zu. Ein paar Minuten später ertönt erneut ein Klingeln, diesmal aus der Jackentasche der Lehrerin. Sie hebt ihr Handy ab und beginnt fröhlich zu plaudern, während die Kinder weiter ihre Schularbeiten schreiben. Jetzt ist es Lisa, die sich ärgert.

2C7a

kurzer Vokal: Asche – Tasche, gesund – Hund, Knochen – kochen, Bild – wild; langer Vokal: fror – Tor, Kröte – Flöte, Spinat – Salat, beben – leben, graben – haben; Diphthonge: mein – fein, Haus – Maus, heute – Leute.

2C7b

Kürze; Länge.

2C7c

Hahn; Waage; Schnecke; Dieb; Blitz; Bohne; Brücke; Brief; Kamm.

2C7d

Beispiellösung:
Hahn, Bahn, Kahn; Waage, Leere, Schnee; Schnecke, Decke, Sack; Bohne, Lohn, Mohn; Brücke, Lücke, Tücke; Dieb, Sieb, Hieb; Kamm, Damm, Lamm; Blitz, Witz, Katze.

TESTE DICH SELBST

2Ta

1. !, Auf-S; 2. ?, Erg-F; 3. ?, Entsch-F; 4. ., Aus-S; 5. ?, Erg-F; 6. ., Aus-S.

2Tb

1. „ ",
2. „ ?",
3. „ !",
4. „ " , , ".
5. : „ ?"
6. „ ",

2Tc

Mögliche Varianten: Fotografiert Max jeden Tag mit seinem Handy seine Katze? Jeden Tag fotografiert Max mit seinem Handy seine Katze. Seine Katze fotografiert Max jeden Tag mit seinem Handy. Mit seinem Handy fotografiert Max jeden Tag seine Katze. Mit seinem Handy fotografiert Max seine Katze jeden Tag.

2Td

1. Max, fotografiert, gern, seine Haustiere, mit seinem Handy;
2. Am liebsten, fotografiert, er, seine Schildkröte;
3. Daisy, sitzt, oft, stundenlang, an ihrem Lieblingsplatz, im Garten;
4. Max, kann, da, gute Fotos, machen;
5. Die Fotos seiner Fische, werden, meist, unscharf;
6. Sie, schwimmen, viel zu schnell.

2Te

1. Weil; 2. obwohl; 3. Deshalb; 4. Trotzdem; 5. weil.

2Tf

3) bis; 5) damit; 2) dass; 6) weil; 4) wenn; 1) Aber.

2Tg

3; 5; 7; 2; 6; 1; 4.

2W1

Hier ist deine eigene Kreativität gefragt.

MODUL 3:

3A1a

6; 3; 1; 2; 5; 4.

3A1b

Individuell zu beantworten.

3A1c

Individuell zu beantworten.

3A2a

erzählt; vorgelesen; geblieben; gelebt; gefragt; mitgesprochen; herausgefunden; gewesen.

3A2b

Individuell zu beantworten.

3A3a

kam; klopfte; rief; trat; war; lag; schlief; trat; öffnete; fragte; antwortete.

3A3b

4; 3; 5; 2; 1; Verben im Präteritum: fragte; traf; kam vorbei; nahm; machte; war.

3A3c

Beispiellösung:
Es war einmal ein kleines Mädchen, das hieß Rotkäppchen.
Rotkäppchen nahm den Korb und machte sich auf den Weg in den Wald, um der Großmutter Kuchen und Wein vorbeizubringen.
Im Wald traf sie den Wolf, der sie fragte, wohin sie unterwegs war.
„Warum hast du so große Hände?", fragte Rotkäppchen. „Damit ich dich gut fassen kann!", antwortete der Wolf.
Wenig später kam der Jäger am Haus der Großmutter vorbei und beschloss, nach dem Rechten zu sehen.

3A4a

Hier ist eure Kreativität gefragt.

3A4c

1. falsch; 2. richtig; 3. jemanden, der winkt; 4. schlecht; 5. – 6. *Beispiellösung*: wiederkehrende Formulierungen (Es war einmal, Und wenn sie nicht gestorben sind, ...), starke Gegensätze (gut – böse, fleißig – faul, ...)

3A4e
Hier ist eure Kreativität gefragt.

3A5a
B Die Bremer Stadtmusikanten.

3A5b
hat – eingebracht – einbringen; haben – präsentiert – präsentieren; sind – geflüchtet – flüchten; ist - zurückgekommen – zurückkommen; hat – gebissen – beißen.

3A5c
Partizip mit (-)ge...-t: eingebracht, geflüchtet; Partizip ohne (-)ge-: präsentiert; Partizip mit (-)ge...-en: zurückgekommen, gebissen.

3A5d
Hier ist deine eigene Kreativität gefragt.

3A6b 1
S, M, S, P, M, P.

3A6b 2
fuhr, kam, stand, fragte, machte, hatte, hörten, ging, sah, bekam, lebten, stellte ab, verschloss.

3A6b 3
Präteritum mit t (regelmäßige Verben): fragte, machte, hatte, hörten, lebten, stellte ab; Präteritum ohne t (unregelmäßige Verben): fuhr, kam, stand, ging, sah, bekam, verschloss.

3A6b 4
Hier ist deine eigene Kreativität gefragt.

3A6b 5
Hier ist deine eigene Kreativität gefragt.

3A7a
2; 2; 1; 3; 1; 1; 5; 4.

3A7b
Preisausschreiben; vollautomatische Kücheneinrichtung; Preisrätsel lösen; ein Ballkleid gewinnen.

3A7c
Hier ist deine eigene Kreativität gefragt.

3A8a
Der böse Wolf aus Rotkäppchen.

3A8b 1
Luna; leider; pünktlich; Hause; kommen; schnell; Milli; laufen; Geburtstag; gratulieren; bringt; vorgeschlagen; Blumen; laufe; schnell; Milli; Hause; essen; so; hungrig; Lobo.

3A8b 2
1. leider; 2. -; 3. -; 4. kommen; 5. schnell; 6. gratulieren; 7. bringt; 8. -.

3A8b 3
Luna; Milli; Milli; Lobo.

3B1b
1. richtig; 2. falsch; 3. Märchensammler; 4. älter als; 5. Die Prinzessin auf der Erbse.

3B2a
Das Entlein ist unglücklich, weil es hässlicher und tollpatschiger ist als seine Geschwister und alle Tiere es verspotten.

3B2b
Die Szene passt zu Satz 4.

3B2c
Hier ist eure Kreativität gefragt.

3B3a
Höhepunkt: 18; Löst die Spannung: 21.

3B3b
Gedanken: „Ich will hinfliegen zu ihnen, … Aber besser von ihnen getötet, …"; Äußerungen: „Tötet mich nur!".

3B3c
Hier ist deine eigene Kreativität gefragt.

3B3d
W; V.

3B4a
5; 1; 2; 4; 3; 2; 1.

3B4b
Hier ist deine eigene Kreativität gefragt.

3B5b
Individuell zu beantworten.

3B5c
falsch, richtig, richtig, falsch, falsch

3B5d
Hier ist deine eigene Kreativität gefragt.

3B5e
Text 1: davor, weil Zwackelmann noch vorkommt (in Text 5c ist er in den Unkenpfuhl gestürzt); Text 2: danach (die Unke hat sich bereits in die Fee verwandelt).

3B6a
Ich sehe große Fährschiffe, die gerade beladen werden;
Ich höre die Wellen an die Kaimauer schlagen;
Ich rieche das Meer und den Seetang, und ich fühle die heiße Sonne auf meinem Körper.

3B6b
Hier ist deine eigene Kreativität gefragt.

3B6c
Hier ist deine eigene Kreativität gefragt.

3B7a
alberne schwarze Hüte; schwarze Umhänge; echten Hexen; gut; Echte Hexen; normale Kleider; Frauen; normalen Häusern; normale; schwer.
Sie sehen aus und verhalten sich wie normale Menschen.

3B7b
Adjektive mit Endung:, alberne, schwarze, schwarze, echten, echte, normale, normale, normalen, normale; Adjektive ohne Endung: gut, schwer.

3B8a
liegen – lag; Nuss – Nüsse; lassen – lässt; trinken – getrunken.

3B8b
gewusst – wissen; stieß – stoßen; geschnitten – schneiden; brachte – bringen; Pläne – Plan; las – lesen; verloren – verlieren; gebissen – beißen; fand – finden; zerrissen – zerreißen; Schüsse – Schuss; essen – isst; bist – sein; willst – wollen.

3C1b
1. falsch; 2. richtig; 3. eine magische Welt; 4. Märchen; 5. für Fantasy; 6. nennt man das Science Fiction.

3C1c
Individuell zu beantworten.

3C1d
Individuell zu beantworten.

3C2a
Name: Troll, Oger; Herkunft: nordischer Sagenkreis; Eigenschaften: sind dumm und bösartig; Auftritt in der Fantasyliteratur: z.B. „Shrek" aus dem gleichnamigen Kinofilm, Trolle in „Harry Potter"; böse > gut;
Name: Elfe, Fee, Norne, Parzen; Herkunft: nordische Sagenwelt; Eigenschaften: mögen keine Zwerge, sind zu Menschen meistens nett, sind meist weiblich und sehr schön und fröhlich, bringen dem Menschen Glück; Auftritt in der Fantasyliteratur: z.B. die Elfen in „Herr der Ringe", die Fee „Glöckchen" in „Peter Pan"; gut > böse.

3C2b
Individuell zu beantworten.

3C3a
Zwerg.

3C3b
Hier ist deine eigene Kreativität gefragt.

3C3c
Individuell zu beantworten.

3C3d
Selina.

3C4a
Beispiellösung:
Einhorn – stolz, zart, klug, weise – verwandelt sich nicht bei Vollmond, ist nicht aggressiv
Vampir – mag kein Tageslicht, eitel, tückisch, eigenwillig – verwandelt sich nicht bei Vollmond, ist nicht bescheiden

3C4b
Hier ist deine eigene Kreativität gefragt.

3C4c
Name: Zima; Herkunft: Rumänien; Beruf früher und heute: Krankenschwester, Nachtportier; Aussehen: groß, schlank, lange schwarze Haare, blass; Gewohnheiten, Vorlieben und Hobbys: munter wird sie erst am Abend, Vorliebe für Tomatensaft und blutige Steaks.
Sie ist ein Vampir.

3C4d
Name: Axel Bjornsen; Herkunft: Norwegen; Beruf: Reitlehrer; Größe: 1,41 m; Aussehen: Bart, schlank; Beruf der Verwandten: Goldschmiede, Uhrmacher und Arbeiter im Bergbau; Charaktereigenschaft: mutig; Hobbys: Höhlen erforschen, Mineralien sammeln

3C4e
Hier ist deine eigene Kreativität gefragt.

3C4f
bin geflogen; bin begegnet; hat besucht; habe getanzt; habe gebraut; hat erfüllt.

3C4g
Individuell zu beantworten.

3C4h
haben; sein; Partizip 2.

3C5b
Hier ist deine eigene Kreativität gefragt.

3C5c
Hier ist deine eigene Kreativität gefragt.

3C5d
Hier ist deine eigene Kreativität gefragt.

3C6a
Nach dem „stummen h" wird ein „ü" eingefügt.

3C6b
Ü wird weggestrichen; ihn, siehst, nähert, Fliehen, Flehen, Sohn, gefährlich, mahnte, Lehrer, fühlt, sehr, wohl, gehen, stehen, ihr, fehlen, wohnen, wahrscheinlich, Mühle, ihr, sehen, gewöhnen.

3C6c
1. Werwolf; 2. Nixe; 3. Vampir.

3C6d
Beispiellösung: fahren: die Fahrt, der Fahrer, die Fährte, das Fahrrad, die Freifahrt; ziehen: die Ziehharmonika, der Schraubenzieher, sich verziehen; fehlen: der Fehltag, die Fehlstunde, der Fehltritt, der Fehler, der Fehlerschlüssel; fühlen: das Gefühl, die Fühler, fühlbar, erfühlen; zählen: die Zahl, das Zahlenschloss, der Stromzähler, auszählen, einzählen, verzählen, einzahlen, auszahlen; belohnen: der Lohn, sich lohnen, die Belohnung, entlohnen; nah: die Nähe, beinahe, das Näheverhältnis, der Nahverkehr; sehen: der Fernseher, die Sehhilfe, das Sehvermögen; lehnen: ablehnen, anlehnen, die Lehnfrist, entlehnen; stehlen: der Diebstahl, sich davonstehlen; wohnen: die Wohnung, der Wohnbau, beiwohnen, anwohnen.

3C6e
Hier ist deine eigene Kreativität gefragt.

TESTE DICH SELBST

3Ta
habe mitgenommen; habe gelesen; sind gewandert; sind zurückgekommen; haben gemacht.

3Tb
Regelmäßige Verben (ge-en): angekommen (ankommen), mitgenommen (mitnehmen), gelesen (lesen), zurückgekommen (zurückkommen);
Unregelmäßige Verben (ge-t): gewandert (wandern), gemacht (machen).

3Tc
Perfekt: bist geblieben, habe gesucht, ist gelaufen; Präteritum: fragte, antwortete, wunderte, stellte fest.

3Td
fand; traf; verließ; verlor; suchte; fand; gaben bekannt;
Märchen: Aschenbrödel.

3Te
1. Jede Nacht haben wir Geräusche aus dem Schuppen gehört; 2. Eines Nachts haben wir die Polizei gerufen; 3. Die Polizisten haben den Schuppen geöffnet; 4. Sie haben eine junge Frau an einem Spinnrad gesehen; 5. Im Schuppen ist altes Stroh gelegen; 6. Seit Monaten hat die Frau versucht, das Stroh zu Gold zu spinnen;
Märchen: Rumpelstilzchen.

3Tf
gut – böse; schön – hässlich; schwierig – einfach; lang – kurz; traurig – glücklich.

3Tg
furchterregende (Adjektiv mit Endung), dumm, freundliche (Adjektiv mit Endung), bösartigen (Adjektiv mit Endung); gefährlich, spitze (Adjektiv mit Endung), wunderschön, nordischen (Adjektiv mit Endung).

3W2
Meerjungfrau.

MODUL 4:

4A1b
1. richtig; 2. richtig; 3. wütend; 4. nur Fels und Stein; 5a. herrschaftlich, 5b. zerren, 5c. vergeuden, 5d. wagen, 5e. Ähren, 5f. wüst; 6. Individuell zu beantworten.

4A2a
„So weiß man, ... der Umriss einer sitzenden Frau aus."

4A2b
Hier ist eure eigene Kreativität gefragt.

4A2d
1. Sie lebten in Hütten am Ufer des Flusses;
2. Im Sommer fingen sie Fische, im Winter reparierten sie ihre Netze;
3. Darin wohnten Nixen;
4. Sie waren die Töchter des Donaufürsten;
5. Eines Abends im Winter sahen ein Fischer und sein Sohn draußen im Schnee ein wunderschönes Mädchen stehen;
6. Der Sohn wollte sofort hinauseilen, aber sein Vater wollte nicht, dass er die Tür öffnet;
7. Der Vater war oft sehr traurig, weil die Nixe seinen Sohn irgendwann zu sich holen würde.

4A2e
Individuell zu beantworten.

4A3a
1 B; 2 B; 3 A; 4 A.

4A3b
Individuell zu beantworten.

4A3c
Beispiellösung: Im Südwesten Afrikas gibt es hunderttausende kreisrunde Stellen, an denen kein Gras wächst. Ihr Durchmesser beträgt bis zu zwanzig Metern. Bis heute ist es nicht gelungen, eine eindeutige Erklärung für dieses Phänomen zu finden. Vielleicht stammen sie von großen Ameisen, vielleicht gibt es im Untergrund Gasvorkommen.

4A3d
Hier ist eure eigene Kreativität gefragt.

4A4a
Die Sage wurde erst später erfunden. Der Ort lag also ganz nahe am Sumpf. Das bedeutet soviel wie „Die Grenze am Sumpf".

4A4b
Die Sage wurde erst später erfunden; Das bedeutet soviel wie „Die Grenze am Sumpf"; Der Ort lag also ganz nahe am Sumpf.

4A4c
Der Text in 4a ist eine Sage. Der andere Text ist eine „wissenschaftliche Erklärung".

4A4d
S; W; S; S; W.

4A4e
Hier ist eure Kreativität gefragt.

4A5a
Die Burg Bärneck – Sie; ein Ritter und seine Gemahlin – Sie; der Bub – Er; Schleier – ihn; das verwirrte Tier – es; der Ritter und seine Gefolgschaft – Sie; den Schleier – ihn; Frau und Kind – Sie.

4A5b
1; 5; 6; 3; 2; 4.

4A5c
1. „Drei Schwestern gingen in den Wald ...";
2. „Als sie am Abend nach Hause gingen ...";
3. „Da begegnete ihnen eine Frau."; 4. „Die freundliche Frau ...".

4A5d
1. Drei geizige Schwestern gingen in den Wald, um Beeren zu sammeln;
2. Nachdem sie mehrere Becher voll mit Beeren gefüllt hatten, gingen sie nach Hause;
3. Sie waren guter Laune, weil sie sich einen großen Gewinn erwarteten;
4. Am Heimweg fragte sie eine freundliche Frau nach Beeren für ihre kranke Tochter, aber die drei Mädchen lachten sie nur aus;
5. Die Frau ärgert sich so sehr, dass sie die Mädchen in Felsen verwandelte.

4A6a
Paar; Moos; Boot; See; Aalen; Moor; Seelen; Seeufer; Beeren; Beeren; Beeren; leer; Fee; Idee; Beeren; Tee.

4A6b
1. Aal; 2. Waage; 3. Saal; 4. Aussaat; 5. Staat; 6. Haar, Shampoo; 7. Allee; 8. waagrecht; 9. Kaffee; 10. Heer; 11. Zoo.

4A6c
Individuell zu beantworten.

4B1a
1. Seedrachen, Nattern, Kröten;
2. Er riss Bäume aus, legte sie über den Tümpel und setzte sie dann in Brand;
3. Das Wasser machte unverwundbar;
4. Er legte all seine Kleider ab und sprang in den Tümpel;
5. Beim Baden im Tümpel bedeckte ein Lindenblatt seine Schulter und an dieser Stelle blieb er verwundbar.

4B1b
1. Lindwurm;
2. Er warf Bäume auf den Lindwurm, in denen es sich verwickelte, und zündete den Holzhaufen an;
3. Die geschmolzene Hornhaut des Lindwurms machte unverwundbar;
4. Er zog sich aus und badete in dem flüssigen Horn;
5. Mitten auf seinen Rücken war ein Lindenblatt gefallen und an dieser Stelle war Siegried verwundbar.

4B1c
Gemeinsamkeiten: Siegfried kämpft gegen Ungeheuer, verbrennt diese und findet heraus, dass eine Flüssigkeit des Wesens oder um das Wesen unverwundbar macht. Er badet in dieser, ein Lindenblatt bedeckt aber eine Stelle seines Körpers und an dieser bleibt er verwundbar; Unterschiede: die Ungeheuer, der Ort, Tümpel – flüssige Hornhaut, die Stelle auf die das Lindenblatt fiel;
Individuell zu beantworten.

4B2a
1. Nein, weil Drachen Fantasiewesen sind;
2. Die Menschen glaubten sehr lange, dass es wirklich Drachen gibt und machten sich Bilder von ihnen (Steinbilder, Illustrationen);
3. Lange Zeit wurde sie zu Sündenböcken gemacht, wenn etwas schiefging und man den Grund dafür nicht wusste; 4. Es wurde durch die Darstellung von freundlichen Drachen in Büchern, Filmen und Fernsehen verbessert.

4B3a
Hier ist eure Kreativität gefragt.

4B3b
1. Drache zerstört Felder; 2. Tiere und Menschen opfern; 3. das Los bestimmt; 4. Königstochter wird angekettet; 5. Georg mit Lanze.

4B3c
Beispiellösung:
Es war einmal eine Stadt, deren Felder von einem gefährlichen Drachen zerstört wurden. Damit er die Felder in Ruhe ließ, opferten die Bewohner ihm erst Tiere und anschließend auch Menschen. Wer dem Drachen geopfert werden sollte, entschied das Los. Als die Königstochter an der Reihe war, wurde sie angekettet. Bevor der Drache sie töten konnte, rettete der Ritter Georg sie, indem er den Drachen mit seiner Lanze tötete.

4B4a 1
Das ist heldenhaft: überlebt in schwierigen Situationen, ist mutig, setzt sich für andere ein, hilft anderen Menschen, gibt nicht auf, spendet Geld;
Das ist sicher nicht heldenhaft: kümmert sich nicht um Verbote;
Da bin ich mir nicht sicher: verdient viel Geld, ist oft im Fernsehen.

4B4a 2
Hier ist deine Kreativität gefragt.

4B4b
Individuell zu beantworten.

4B4c
Hier ist deine Kreativität gefragt.

4B4d
Individuell zu beantworten.

4B5a
„Er hat extremes Glück gehabt", hat Robert T., der Leiter des Rettungsteams nach der erfolgreichen Aktion gemeint; Alles hat am Samstag begonnen; Markus M. ist in den frühen Morgenstunden trotz einer Schlechtwetterwarnung aufgebrochen; Er hat den Gipfel des Großvenedigers besteigen und abends wieder zurück sein wollen; Doch alles ist anders gekommen; Beim Abstieg haben sich die Wetterbedingungen verschlechtert; Nebel ist aufgezogen; „Nebel ist am Gletscher das Gefährlichste", hat Bergretter Robert T. erklärt, „Markus hat nur überleben können, weil er so viel Erfahrung hat." Der Bergsteiger hat sich nämlich auf dem Gletscher ein Schneebiwak gebaut und dort auf besseres Wetter gewartet; Schon kurz nach Eintreffen der Vermisstenmeldung am Samstagabend haben sich die Bergretter auf die Suche gemacht; Unter Einsatz des eigenen Lebens haben die Männer drei Tage lang im Nebel den Gletscher abgesucht; Am Dienstagmorgen haben sie schließlich den Bergsteiger in seinem Biwak gefunden.

4B5b
Wir = die Familie von Markus M.; ihm = Markus M.; du = die Freundin; ihn = Markus M.; sie = die Kinder; wir = die Familie von Markus M.; ihnen = den Kindern; er = Sohn Tim; er = Tim; sie = Tochter Sanja; sie = Sanja; sie = Sanja.

4B5c
Individuell zu beantworten.

4B6a
Gewässer = ein Bach, Fluss, Teich oder See; besinnen = nachdenken; Recke = Held oder Kämpfer; Gezücht = Brut; hieb ab = abschlagen; Untier = hässliches und gefährliches Tier; setzte in Brand = anzünden; geschah es = passieren; Aufwallen = beim Erhitztwerden hochsteigen; vermochte = können; zerspalten = entzweihacken; haftete = kleben.

4B6b
1. aufbrühte; 2. Barbier; 3. Dampfrösser; 4. Dreikäsehoch; 5. Federkiel, Pakt, vorgeblichen; 6. Funzel; 7. Fäustlinge; 8. Gevatter; 9. Gemach.

4B6c
Individuell zu beantworten.

4B7a
1b; 2a.

4B7b
1. 2; 2. 2; 3. 1; 4. 1.

4B7c
Hier ist deine Kreativität gefragt.

4B8a
Sündenbock; schwarzes Schaf.

4B8b
Klemens ist für Merle ein schwarzes Schaf. Klemens ist für Taina ein Sündenbock.

4B8c
ich = Taina; dein = Merle; du = Merle; er = Klemens; sie = Ronald und Jan; sie = Ronald und Jan; ihm = Klemens; ihnen = Ronald und Jan; ich = Taina; sie = Ronald und Jan; ihn = Klemens; sie = Ronald und Jan; unserer = Taina, Klemens, Ronald, Jan und Merle; er = Klemens; wir = Taina und Klemens; er = Klemens; sie = Ronald und Jan; du = Merle; er = der Lehrer; ihr = Klemens' Familie; ihm = Klemens.

4B8d
Hier ist deine Kreativität gefragt.

4B9a
sieht; lieber; hiesige; anbieten; beschließt; Diebe; Flötenspieler; musiziert; schießen; neugierigen; kontrollieren; wie; niemals.
Grisu ist kein „typischer" Drache, weil er nicht Feuer speien will.

4B9b
sieht; lieber; hiesige; anbieten; beschließt; Diebe; Flötenspieler; musiziert; schießen; neugierigen; kontrollieren; wie; niemals.

4B9c
1. musizieren; 2. probieren; 3. gratulieren; 4. frisieren; 5. fotografieren; 6. trainieren; 7. rasieren; 8. marschieren.

4B9d
lassen – ließ; halten – hielt; liegen – lag; laufen – lief; schießen – schoss; schieben – schob; fallen – fiel; schließen – schloss; schreien – schrie; verlieren – verlor.

4C1b
1. richtig; 2. falsch; 3. schloss mit dem Teufel einen Pakt; 4. Geld vom Teufel bekam; 5. er zu viel Geld ausgegeben hatte; 6. C.

4C1b
Satz 4.

4C2b
1. den Teufel; 2. ihm; 3. seine Seele; 4. drei Goldstücke; 5. dem Mann; 6. die besten Kleider und Spielsachen; 7. seinen Hut.

4C3b
Akkusativ: einen Hut, diesen Montag; Dativ: der Frau, dem Bauern, seiner Frau, unserem Lehrer.

4C3c
1. Wen rief er? Den Teufel – Akkusativ; 2. Wem versprach er seine Seele? Ihm – Dativ; 3. Was fand der Bauer in seinem Schlafzimmer? Drei Goldstücke – Akkusativ; 4. Wem gratulierten die Nachbarn? Dem Mann – Dativ; 5. Was forderten die Kinder immer wieder? Die besten Kleider und Spielsachen – Akkusativ; 6. Was fand man am Abend am nahen Bach? Seinen Hut – Akkusativ.

4C3d
1. Mir – Dativ – Der; 2. mich – Akkusativ – den; 3. mich – Akkusativ – keinen; 4. mir – Dativ – der.

4C3e

1. dem Bauern und seiner kranken Frau (Dativ) Geld für den Arzt (Akkusativ); 2. dem Teufel (Dativ) seine Seele (Akkusativ); 3. der Familie (Dativ) Geld (Akkusativ); 4. seinen Kindern (Dativ) das schönste Spielzeug (Akkusativ).

4C4b

1. Der Bürgermeister wollte zu Beginn, dass das Städtchen von der Rattenplage befreit wird. Der Rattenfänger wollte eine Belohnung von 100 Goldstücken. 2. Der Bürgermeister wollte anstatt des versprochenen Goldes nur Kupfermünzen zahlen. 3. Man soll kein Versprechen brechen.

4C4c

Hier ist deine eigene Kreativität gefragt.

4C4d

Hier ist deine eigene Kreativität gefragt.

4C5b

Subjekte: Ein junger Bauer; er; Die Krone; Sie; Der Mann; er; Sie; er; Die Schlangen; Der junge Bauer; Prädikate: geht; findet; gehört; hat abgelegt; steckt; sieht; verfolgen; wirft weg; bringen zurück; hat gehabt.

4C5c

Ein junger Bauer – geht – mit seinen Freunden – zum Kirchweihfest; Unterwegs – findet – er – eine winzige Krone; Die Krone – gehört – der Schlangenkönigin; Sie – hat – sie – beim Baden – abgelegt; Der Mann – steckt – die Krone – in seine Hosentasche; Plötzlich – sieht – er – hunderte Schlagen – am Wegrand; Sie – verfolgen – ihn – laut zischend; Da – wirft – er – die kleine Krone – weg; Die Schlangen – bringen – sie – ihrer Königin – zurück; Der junge Bauer – hat – noch einmal – Glück – gehabt.

4C4d

Objekte: eine winzige Krone; der Schlangenkönigin; sie; die Krone; hunderte zischende Schlangen; ihn; die kleine Krone; sie; ihrer Königin; Glück.

4C6a1

Belohnt: einer alten Frau helfen, die Natur respektieren, einem weisen Mann vertrauen; Bestraft: dem Nachbarn einen Schaden zufügen, dem Teufel seine Seele versprechen, sein Geld verspielen, eine Lüge erzählen, einen Kobold täuschen.

4C6a2

dem Nachbarn – D; einen Schaden – A; dem Teufel – D; seine Seele – A; einer alten Frau – D; sein Geld – A; den Eltern – D; eine Lüge – A; die Natur – A; einen Kobold – A; einem weisen Mann – D.

4C6b1

1. erzählt; 2. täuschen; 3. gehorchten; 4. verspielt; 5. versprechen.

4C6b2

1. Wem erzählte der Kaufmann eine Lüge? Dem Bürgermeister – Dativ; Was erzählte der Kaufmann dem Bürgermeister? Eine Lüge – Akkusativ; 2. Wen wollte die Bäuerin täuschen? Den Kobold – Akkusativ; 3. Wem gehorchten die Kinder meist? Ihren Eltern – Dativ; 4. Was verspielt der Schneider im Wirtshaus? Sein ganzes Geld – Akkusativ; 5. Wem verspricht der junge Förster seine Seele? Dem Teufel – Dativ; Was verspricht der junge Förster dem Teufel? Seine Seele – Akkusativ.

4C6c

was; wem; wen; was; wem; wen; was; wem; was; was; was; was; was; was; wem; was.

4C6d1

1A; 2B; 3B; 4A; 5A; 6B.

4C6d2

1. Ein junger Bauer findet eine winzige Krone (Akkusativ); 2. Die Grazer lieben den grün gekleideten Jägersmann (Akkusativ); 3. Die Festgäste lachen den vermeintlichen Jäger (Akkusativ) aus; 4. Die Schlangen verfolgen den Mann (Akkusativ); 5. Die Schlangen bringen der Schlangenkönigin (Dativ) die Krone (Akkusativ) zurück; 6. Der Teufel wirft den Felsen (Akkusativ) auf die Stadt.

4C6e

Hier ist deine eigene Kreativität gefragt.

4C7a

Hier ist deine eigene Kreativität gefragt.

4C7b

1. Aber: tragen; 2. Aber: leben; 3. Aber: Maschine; 4. Aber: holen, borgen; 5. Aber: anrufen, Beruf; 6. Aber: quälen; 7. Aber: unnötig; 8. Aber: Süden.

4C7c

1. Strafe, kam, egal, Name, blasen, jagen; 2. reden, Schere, schwer, quer; 3. Lawine, Maschine, gibt; 4. Not, Hose, Tor, verloren, Ton; 5. Blume, gruseln, Figur, nur, Mut; 6. nämlich, spät, Träne; 7. lösen, hören, flöte, Flöte; 8. Rübe, lügen, für, Tür.

TESTE DICH SELBST

4Ta

1. Am Sonntag ging die zehnjährige Schülerin Marina K. zum Haus ihrer Freundin; 2. Unterwegs kam sie an einem Einfamilienhaus vorbei; 3. Ein dreijähriges Mädchen spielte allein neben dem Pool; 4. Das Mädchen fiel in den Pool; 5. Marina K. rief laut um Hilfe.

4Tb

Ich bin über den Zaun geklettert. Ich bin zum Pool gerannt und bin ins Wasser gesprungen. Ich habe das kleine Mädchen herausgezogen. Die Eltern sind aus dem Haus gekommen. Sie sind furchtbar erschrocken gewesen. Sie haben sich überschwänglich bedankt und ich habe trockene Kleider bekommen.

4Tc

er = der Wanderer; ihm = der Wanderer; sie = die Geister; ihm = der Wanderer; er = der Wanderer; er = der Wanderer; sie = seine Stirn.

4Td

er; Sie; ihm; ihm; ihm; Er; Sie; sie; ihnen; er; ich; ich; er.

4Te

ich – mir – mich; du – dir – dich; er – ihm – ihn; sie – ihr – sie; es – ihm – es; wir – uns – uns; ihr – euch – euch; sie – ihnen – sie.

4Tf

Dativobjekte: einem Bauern; dem Besitzer; ihm; Akkusativobjekte: einen wertvollen Kupferkessel; ihn; den Bauern; den Kessel; den Dieb.

4Tg

1. einem Bauern – Wem? – Dativ, einen wertvollen Kupferkessel – Was? – Akkusativ; 2. den Bauern – Wen? – Akkusativ; 3. dem Besitzer – Wem? – Dativ, den Kessel – Was? – Akkusativ; 4. dem vermeintlichen Gast – Wem? – Dativ, den Kessel – Was? – Akkusativ; 5. dem Bauern – Wem? – Dativ.

4W1

Der Jungfernsprung ist ein Felsen, von dem sich die unglücklich verliebte Rittterstochter Anna gestürzt hat, nachdem der, in den sie verliebt ist, im Kampf getötet wurde.

4W2

Anna.

MODUL 5:

5A1a

Alamo hat Angst, wenn sie die Wasserstelle überqueren müssen, weil es dort Nilkrokodile gibt.

5A1b

Verkehrsmittel: zu Fuß, mit dem Boot; Dauer des Schulwegs: zweieinhalb Stunden; Besondere Plätze auf dem Schulweg: eine Wasserstelle; Wie findet Alamo seinen Schulweg? sehr anstrengend.

5A1c

Michael: Verkehrsmittel: Flugzeug, Dauer des Schulwegs: zwanzig Minuten, Besondere Plätze auf dem Schulweg: die Startbahn, Wie findet der Schüler seinen Schulweg? Er liebt ihn;
Juan: Verkehrsmittel: mit dem Boot, Dauer des Schulwegs: ein bisschen länger als zehn Minuten, Besondere Plätze auf dem Schulweg: der Schilfgürtel, Wie findet der Schüler seinen Schulweg? Er ist für ihn das Schönste.

5A2a

Individuell zu beantworten.

5A2b

so … wie; als.

5A2c

Adjektive im Positiv: so gefährlich wie, genauso weit weg wie; Adjektive im Komparativ: früher als, anstrengender als, interessanter als.

5A2d

Individuell zu beantworten.

5A3a

Individuell zu beantworten.

5A3b
am gefährlichsten – gefährlicher – gefährlich; am anstrengendsten – anstrengender – anstrengend; am weitesten – weiter – weit; am interessantesten – interessanter – interessant; am unterhaltsamsten – unterhaltsamer – unterhaltsam; am meisten – mehr – viel; am liebsten – lieber – gern.

5A4a
Lenas Text: Haltestelle Lissagasse, ihre beste Freundin Melissa steigt dort in den Bus ein;
Marks Text: eine Wiese außerhalb des Dorfes, er kann dort ungestört Fußball spielen.

5A4b
4; 1; 2; 3.

5A4c
Individuell zu beantworten.

5A5a
Durch ein Projekt der UNICEF kann Benjamin in die Schule gehen und muss nicht mehr auf der Straße leben.

5A5b
1. besorgter, pessimistischer; 2. seltener, leiser; 3. trockener, sauberer; 4. mutiger, fauler; 5. mehr, größere; 6. weniger, schwerer.

5A5c
Individuell zu beantworten.

5A5d
1. Leila ist so alt wie Maria;
2. Morgen ist es wärmer als heute;
3. Nikolas Fahrrad ist teurer als Tims;
4. Jan ist so groß wie Gregor;
5. Jakob mag Geografie weniger als Sabrina;
6. In der 1B gibt es mehr Buben als in der 1A Klasse.

5A5e 1 2
Individuell zu beantworten.

5A6a
höchste; gefährlichste; heißeste; kälteste; meiste; längste; wasserreichste.

5A6b
Welcher Berg ist am höchsten? Der Mount Everest.
Wo ist es auf der Erde am heißesten? Im Death Valley, in der Wüste von Kalifornien.
Wo ist es auf der Erde am kältesten? In Oimjakon, im Osten Russlands.
Wo regnet es am meisten? Auf der Pazifikinsel Hawaii.
Welcher Fluss ist am Längsten? Der Nil.
Welcher Fluss ist am Wasserreichsten? Der Amazonas.

5A6c
kurz – kürzer – am kürzesten; alt – älter – am ältesten; gesund – gesünder – am gesündesten; nah – näher – am nächsten; groß – größer – am größten; gern – lieber – am liebsten; gut – besser – am besten; viel – mehr – am meisten; hoch – höher – am höchsten.

5A7a
Sie wohnt in Oimjakon, Russland.

5A7b
1C; 2D; 3B; 4A.

5A7c
Hier ist deine eigene Kreativität gefragt.

5A8a
toll; Stelle; Gestrüpp; Baumstamm; treffe; Anna; Parallelklasse; allein; kommt; herrlich; still; Sommer; Schmetterlinge; Libelle; doppelt; Wenn; Wetter; müssen; Unterrichtspausen; drinnen; dann; hoffentlich; Sonne.

Ganz hinten im Pausenhof.

5A8b
kurz; kurz.

5A8c
wenn – kurz, wen – lang; kam – lang, Kamm – kurz; Miete – lang, Mitte – kurz; fühlen – lang, füllen – kurz; Bett – kurz, Beet – lang; Saat – lang, satt – kurz; Herr – kurz, Heer – lang; rate – lang, Ratte – kurz; Schal – lang, Schall – kurz; trennen – kurz, Tränen – lang.

5A8d
Pizza; Pudding; joggen; blubbern; Hobby; Skizze.

5B1b
1. kA; 2. r; 3. r; 4. f.

5B1c
Hier ist eure Kreativität gefragt.

5B1d
1. r; 2. f; 3. r.; 4. f.

5B1e
Individuell zu beantworten.

5B1f
Hier ist eure Kreativität gefragt.

5B1g
1) Wegbeschreibung auf dem Handy: „Die Anton-Sattler-Gasse ist gleich hier in der Nähe. An der nächsten Ecke nach links, in die Domingasse abbiegen, und dann bei der Apotheke nach rechts. Da ist die Anton-Sattler-Gasse."
2) Evas Wegbeschreibung für Frau Neuhold: „Sie müssen die Straßenbahn nehmen, und zwar die 26 bis Floridsdorf. Steigen Sie dort in den Autobus 34A um. Es ist dann die dritte oder vierte Haltestelle."

5B2a
Radfahrer und Radfahrerinnen: 3, 1, 6, 5, 4, 2;
Fußgänger und Fußgängerinnen: 4, 5, 1, 3, 2.

5B2b
Fußgänger und Fußgängerinnen:
Geh vom Lendplatz geradeaus. Passier die Murinsel und überquere die Mur. Geh geradeaus über den Schlossbergplatz. Geh am Uhrturm vorbei und bieg am Ende des Weges rechts ab. Die Sankt-Antonius-Kirche ist auf der linken Seite.
Radfahrer und Radfahrerinnen:
Bieg auf dem Lendplatz nach rechts ab. Fahr über die Keplerbrücke. Halt dich beim Sportzentrum rechts. Fahr durch den Stadtpark. Bieg nach rechts in die Paulustorgasse ein. Die Sankt-Antonius-Kirche ist auf der rechten Seite.

5B3a
Wo? vor der Kreuzung stehenbleiben, beim Rathaus sein, auf der Brücke stehen, am Uhrturm vorbeigehen, vom Lendplatz geradeaus gehen, die Murinsel passieren, die Mur überqueren, beim Sportzentrum rechts halten, auf dem Lendplatz nach rechts abbiegen; Wohin? in die Schule gehen, auf den Berg steigen, zum Supermarkt fahren, durch den Stadpark fahren, nach rechts in die Paulustorgasse einbiegen, am Ende des Weges nach rechts abbiegen, geradeaus über den Schlossbergplatz gehen.

5B3b
Individuell zu beantworten.

5B4a
links: 7
mittig: 3, 4, 5
rechts: 1, 2, 6

5B4b
A: Entschuldige, weißt du, wo der Sportplatz ist?
B: In Schöndorf gibt es einen Sportplatz?
A: Ja, in der Nähe des Sporthotels. Man muss vom Hauptplatz in die Franzstraße gehen und dann rechts abbiegen.
B: Aha. … Jetzt sind wir am Bahnhof und gegenüber ist die Schule.
A: Das sehe ich. Und wo ist der Hauptplatz?
B: Der Hauptplatz? … Hmmm.
A: Dort ist ein Wegweiser. Zum Hauptplatz geht es wohl nach rechts. Vielen Dank.
B: Gern geschehen!

5B4c
Franzstraße; der Bank; Apotheke; der Schule; Kohlgasse; Franzstraße; die Bärenstraße; Sporthotel

5B4d
Beispiellösung:
1) Geh in der Kohlgasse geradeaus, bis du zur Franzstraße kommst. Geh nach rechts bis zum Hauptplatz und überquere ihn. Dabei kommst du an der Bank vorbei. Geh über die Brücke und auf der linken Seite befindet sich der Supermarkt.
2) Überquere die Brücke und geh am Sporthotel vorbei. Folge der Straße, bis du zur Franzstraße kommst. Geh weiterhin geradeaus und an der Konditorei vorbei. So kommst du zur Bahnhofstraße, in der sich links von dir der Bahnhof befindet.
3) Geh den Buchenweg in Richtung Hauptplatz und überquere diesen. Du kommst zuerst am Rathaus und dann am Springbrunnen vorbei. Wenn du jetzt am Stadtpark vorbeigehst, kommst du zum Sporthotel.

5b4e
Individuell zu beantworten.

5B5a
mit Dativ: zum Bahnhof fahren, im Supermarkt sein, aus dem Rathaus kommen, von der Konditorei kommen, mit dem Fahrrad fahren;
mit Akkusativ: durch den Stadtpark gehen, in die Rosengasse einbiegen, über die Brücke spazieren, um die Schule laufen.

5B5b
vor der Umstellung der Möbel.

5B5c
Mögliche Antworten: Sie hat das Bett an die rechte Zimmerwand geschoben. Es stand früher an der linken Wand. Sie hat den Kasten in den Keller gebracht. Sie hat ein Poster über dem Bett hängen. Sie hat für ihr Gewand eine große Bettlade auf Rädern

besorgt. An der linken Wand hat sie ein großes Regal aufgestellt. Sie hat ihre alten Jeans aussortiert. Sie hat die Bettlade unter das Bett geschoben.

5B5d

an die rechte Zimmerwand (Akkusativ); an der linken Wand (Dativ); in den Keller (Akkusativ); über dem Bett (Dativ); für ihr Gewand (Akkusativ); auf Rädern (Dativ); an der linken Wand (Dativ); unter das Bett (Akkusativ).

5B5e

Hier ist deine eigene Kreativität gefragt.

5B6a

Jemand hatte keinen Sitzplatz im Bus und stieg deswegen aus, um zu Fuß nach Hause zu gehen;
Jemand verpackt Tassen, zerbricht diese jedoch und wirft deswegen die Scherben weg.

5B6b

s**i**tzen, Pl**ä**tze, bes**e**tzt, n**ü**tzen, j**e**tzt, tr**o**tzig; P**a**cken, erschr**o**ckener, Bl**i**ck, kn**a**cken, sch**i**ck, entd**e**ckt, Schr**e**ck, St**ü**cke.

5B6c

Schatz; spicken/spitzen; decken; Zweck; Bock; wecken/wetzen; spritzen; Witz; Sack/Satz; spitz; Dreck; Stock.

5B6d

strecken – decken; Fleck – Zweck; Rock – Bock; Sitz – Witz; schwitzen – spitzen; Platz – Satz.

5B6e

Schutz – schützen; Hacke – hacken; Schmuck – schmücken; Rücken – anrücken; backen – Bäckerei; nützen – Nutzen; Schmutz – verschmutzen; Witz – witzig.

5C1b

1. falsch; 2. falsch; 3. richtig; 4. einen Verdächtigen; 5. vor wenigen Tagen; 6. einen Tag vor ihrer Ermordung; 7. der Würstelverkäufer, eine Freundin und ihre Mutter; 8. sie das Tattoo erst an diesem Tag machen ließ.

5C2a

7, 8, 3, 5, 1, 2, 6, 9, 4.

5C2b

Hier ist deine eigene Kreativität gefragt.

5C3a

A – Rumpelstilzchen; B – Hans im Glück; C – die Hexe in „Hänsel und Gretel".

5C3b

C stellt sich freundlich, hat aber böse Absichten; B tut, was andere ihm vorschlagen, ohne kritisch nachzudenken; A wird sehr schnell wütend.

5C3c

stellt sich freundlich, hat aber böse Absichten: heimtückisch;
tut, was andere ihm vorschlagen, ohne kritisch nachzudenken: leichtgläubig;
wird sehr schnell wütend: jähzornig.

5C3d

Hier ist deine eigene Kreativität gefragt.

5C3e

Hier ist deine eigene Kreativität gefragt.

5C4a

Individuell zu beantworten.

5C4b

Hier ist eure Kreativität gefragt.

5C4c

Individuell zu beantworten.

5C4d

1C; 2B; 3A.

5C4e

Hier ist deine eigene Kreativität gefragt.

5C5a

Erste Beschreibung: Bild 2; zweite Beschreibung: Bild 1; dritte Beschreibung: Bild 3.

5C5b

Körperliche Eigenschaften: kurzes, schwarzes Haar; Sonstiges: trägt einen Ohrring, hilfreich und zuvorkommend.

5C6a

Die Gesuchte wirkt sehr gepflegt und legt großen Wert auf ihr Äußeres. Mit ihr gibt es immer etwas zu lachen, weil sie sehr humorvoll ist. Man kann sie als sehr großzügig beschreiben, weil sie alles mit ihren Freundinnen teilt. Sie überlegt sich gut, wofür sie ihr Geld ausgibt und gilt als wirklich sparsam. Wer etwas braucht, wird nie enttäuscht, denn sie ist äußerst hilfsbereit. Sie ist wie gesagt eine ideale Freundin.

5C6b

Mögliche Antworten: mürrische – fröhliche; dumm – schlau; schwache – gute; glücklich – traurig; untätig – fleißig; streitsüchtig – entspannt.

5C6c

ehrlich; zuverlässig; klug; sportlich; Jeans; Turnschuhe; legt er viel Wert.

5C7a

Hier ist deine eigene Kreativität gefragt.

5C8a

Schuss; schießt; Reißaus; Schuss; Ausreißer; Spaß; nass; aufgestoßen, mussten; lassen; passiert; Weißt.

5C8b

ss: Schuss, nass, mussten, lassen, passiert;
ß: schießt, Reißaus, Ausreißer, Spaß, aufgestoßen, weißt;
langen; kurz.

5C8c

wissen – weißt – gewusst; gießen – gieße – gegossen; schließen – schließt – geschlossen; essen – isst – aß.

5C8d

1. Riese; 2. Gemüse; 3. niesen; 4. reisen.

TESTE DICH SELBST

5Ta

Adjektive: billigste, günstige, billiger, teuer, am billigsten;
Es gibt im Text 2 Adjektive im Positiv, 1 Adjektiv im Komparativ und 2 Adjektive im Superlativ;
Eduard ist geizig.

5Tb

besser; gesünder; interessanter; besser; braver; mehr.

5Tc

1. Anna ist größer als Sabrina; 2. Heute ist es wärmer als gestern; 3. Heute dauert der Unterricht länger als gestern; 4. Tarik ist so alt wie Leyla; 5. Amir springt so weit wie Ben.

5Td

1. Wer ist am schnellsten geschwommen?; 2. Wer ist am höchsten gesprungen?; 3. Wer ist am schnellsten gelaufen?; 4. Wer hat den Schlagball am weitesten geworfen?; 5. Wer hat am besten gesungen?; 6. Wer hat die meisten Tore geschossen?

5Te

Wo? vor dem Kino warten, im Auto sitzen, unter der Brücke stehen; Wohin? in den Stadtpark gehen, in die Querstraße biegen; zwischen die Bücher legen.

5Tf

in dein Sportauto; Neben deinem Sportwagen; Hinter dem Feuerwehrauto; Vor deinem Auto; Im Rückspiegel; auf einem dicken rosa Schwein.

5Tg

1. in + Akkusativ; 2. in + Dativ; 3. mit + Dativ; 4. auf + Dativ; 5. auf + Akkusativ; 6. aus + Dativ.

5Th

Am; zu; meinem; in; einem; Vor; seinem; Zwischen; dem; dem; unter; dem; Auf; dem; im.

5W1

Trennung nach „Unser Lieblingsplatz ist einfach toll."

5W2

Bart Simpson.

MODUL 6:

6A1b
1. richtig; 2. richtig; 3. Roboter, die Fenster putzen; 4. kann man auseinanderziehen; 5. später; 6. Glasscheiben putzen können; 7. reißfest sein.

6A1c
Individuell zu beantworten.

6A1d
1. Tiere und Pflanzen – Subjekt – Wer oder was?; 2. liefern – Prädikat – Was tut das Subjekt?; 3. den Forschern – Dativobjekt – Wem?; 4. viele Ideen – Akkusativobjekt – Wen oder was?

6A1e
Satz 1: Eine junge Forscherin zeigte ihre neuen Erfindungen unserem Reporter. Zeigte eine junge Forscherin unserem Reporter ihre neuen Erfindungen? Zeigte eine junge Forscherin ihre neuen Erfindungen unserem Reporter? Ihre neuen Erfindungen zeigte eine junge Forscherin unserem Reporter. Unserem Reporter zeigte eine junge Forscherin ihre neuen Erfindungen;
Satz 2: Hat mir meine Mutter eine neue Kamera gekauft? Hat meine Mutter mir eine neue Kamera gekauft? Mir hat meine Mutter eine neue Kamera gekauft. Eine neue Kamera hat meine Mutter mir gekauft. Eine neue Kamera hat mir meine Mutter gekauft;
Satz 3: Kann die Natur den Forscherinnen und Erfindern viele originelle Ideen liefern? Kann den Forscherinnen und Erfindern die Natur viele originelle Ideen liefern? Den Forscherinnen und Erfindern kann die Natur viele originelle Ideen liefern. Viele originelle Ideen kann die Natur den Forscherinnen und Erfindern liefern. Viele originelle Ideen kann den Forscherinnen und Erfindern die Natur liefern.

6A1f
Eine junge Forscherin (Subjekt) zeigte (Prädikat) unserem Reporter (Objekt im Dativ) ihre neuen Erfindungen (Objekt im Akkusativ);
Meine Mutter (Subjekt) hat (Prädikat) mir (Objekt im Dativ) eine neue Kamera (Objekt im Akkusativ) gekauft (Prädikat);
Die Natur (Subjekt) kann (Prädikat) den Forscherinnen und Erfindern (Objekt im Dativ) viele originelle Ideen (Objekt im Akkusativ) liefern (Prädikat).

6A2a
Umstandsergänzung des Ortes: wo, wohin, woher; Umstandsergänzung der Zeit: wann, seit wann, wie lange; Umstandsergänzung der Art und Weise: wie; Umstandsergänzung des Grundes: warum.

6A2b
An der Universität Wien – wo? – UEO; vor kurzer Zeit – wann? – UEZ; Wegen dieser Erfindung – warum? – UEG; mit ihren Teams – wie? – UEA.

6A2c
im Wald: wo? UEO; verärgert: wie? UEA; im Fell: wo? UEO; eines Tages: wann? UEZ; Wochenlang: wie lange? UEZ; Wegen dieser Erfindung: warum? UEG.

6A2d
in kurzer Zeit – UEZ; wegen ihrer scharfen Zähne – UEG; In den Biberzähnen - UEO;

während des Knabberns – UEZ; regelmäßig – UEA; Wegen dieser Eigenheit – UEG; nie – UEZ; stumpf – UEA.

6A3a
Hier ist eure Kreativität gefragt.

6A5a
Hier ist eure Kreativität gefragt.

6A6a
2 aus Deutschland; 5 Zuerst; 4 Dann; 1 mit einem Staubsaugerschlauch; 4 Dann; 3 Wegen dieser Erfindung.

6A6b
vor mehr als 2000 Jahren – wann; Mit Hilfe von Seilen und Rollen – wie; Jetzt – wann; leichter – wie; Dank Archimedes – warum.

6A6c 1
Beispiellösung:
Johannes Gutenberg lebte von 1400 bis 1468 in Deutschland. Um 1450 erfand er die Druckerpresse, damit Menschen Bücher nicht mehr stundenlang abschreiben mussten. Wegen seiner Erfindung konnten sich viele Menschen Bücher leisten.

6A6c 2
von 1400-1468 – wann?; in Deutschland – wo?; um 1450 – wann?; damit Menschen nicht abschreiben mussten – warum?; stundenlang – wie lange? Wegen seiner Erfindung – warum?

6A7a
Lösung im Buch.

6A7b
4; 2; 5; 1; 3;
Lösung im Buch.

6A7c
Hier ist deine eigene Kreativität gefragt.

6A8a
verdanken, frieren - 2 Feuer; Erfindung, fortbewegen - 3 Rad; verloren, versäumt - 1 Uhr; verlassen, fast - 5 Internet; Vogel, Flugzeug, fliegen - 4 Rakete.

6A8b
Wörter mit f: frieren, Erfindung, fortbewegen, fast, Flugzeug, fliegen; Wörter mit v: verdanken, verloren, versäumt, verlassen, Vogel.

6A8c
verlieren – der Verlust; verdienen – der Verdienst; verraten – der Verrat; vorsichtig – die Vorsicht; vorlesen – das Vorlesen/verlesen – das Verlesen; vorbereiten – die Vorbereitung; vorfallen – der Vorfall/verfallen – der Verfall; verteidigen – die Verteidigung; vergehen – das Vergehen/vorgehen – der Vorgang.

6A8d
vierzig; viel; Vogel; Volk; voll; Vieh; vorne.

6B1b
1. richtig; 2. falsch; 3. falsch; 4. gleich, gleich; 5. das Alter; 6. die Bewertung der Fitness; 7. ausreichend; 8. 2350.

6B2b
1. richtig; 2. falsch – Soziale Netzwerke sind weniger beliebt als das Surfen im Internet; 3. richtig; 4. falsch. – Fernsehen und DVDs sind beliebter als das Lesen.

6B2c
Individuell zu beantworten.

6B2d
Individuell zu beantworten.

6B3a
Individuell zu beantworten.

6B3b
1. 80 l; 2. 2 1/2 Jahre; 3. 12 Jahre; 4. 950 km; 5. 2.000.000.000; 6. 160 kg; 7. 19 kg; 8. 3 Jahre.

6B3c
Perfekt; werden.

6B3d
Caspar wird ungefähr 80 Liter Tränen in seinem Leben vergießen. Er wird zweieinhalb Jahre seines Lebens mit Telefonieren und 12 Jahre mit Sprechen verbringen. Würde er alle seine ausgefallenen und abgeschnittenen Haare aneinander legen würde, wäre diese Haarstück 950 Kilometer lang. Caspars Herz wird in etwa zwei Milliarden Mal in seinem Leben schlagen. Außerdem wird er um die 160 Kilogramm Schokolade essen und circa 19 Kilogramm Haut verlieren. Insgesamt wird Caspar ungefähr drei Jahre seines Lebens am Klo verbringen.

6B4a
1. habe bekommen; 2. gefiel; 3. freue; 4. werde fahren; 5. bin; 6. habe gelesen.

6B4b
1. V; 2. V; 3. G; 4. Z; 5. G; 6. V.

6B5a
Am größten: Airbus A380; Fliegt ohne Auftanken am weitesten: Airbus A380; Fliegt am langsamsten: Embraer 195

6B5b
1. falsch; 2. falsch; 3. Boeing 737-500; 4. die Embraer 195; 5. 1560 Liter; 6. 5448.

6B5c
Individuell zu beantworten.

6B5d
Individuell zu beantworten.

6B5e
Individuell zu beantworten.

6B5f
1. 3.283,30; 2. 13.960,80; 3. 19 ½ Stunden.

6B6a
Hund: 6; Katze: 14; Vögel: 5; Hamster: 7; Fische: 3; Kaninchen: 1.

6B6b
Sie hat mehr Kaninchen als Fische eingetragen. Sie hat die Nummer der Kinder mit Hund mit der Nummer der Kinder mit Katze vertauscht.

6B6c
Individuell zu beantworten.

6B6d
Individuell zu beantworten.

6B7a
1. „Mähne im Wind"; 2. Ihre beste Freundin ist schwer krank und sie muss auf ihr Pferd Indian Summer aufpassen; 3. Es gibt ein glückliches Ende, da Ullas Freundin wieder gesund wird.

6B7b
bekam; hieß; handelt; wird krank; muss bleiben; soll aufpassen; sagt zu; bemerkt; hat übernommen; stellt; wird gesund werden; wird versorgen können; gibt; meistert; wird gesund.

6B7c
1. Z; 2. Z; 3. G; 4. V; 5. G; 6. G.

6B7d
Individuell zu beantworten.

6B7e
Individuell zu beantworten.

6B8a
1. drei; 2. vier; 3. neun; 4. vier; dunkelblau/orange: g/ k am Ende/übrige Wörter; türkis: b/p am Ende; grün: d/t am Ende.

6B8b
gaben – gab; zogen – zog; hupen – hupst; kleben – klebst; Bänder – Band; Körbe – Korb; Feinde – Feind; Wege – Weg; bunter – bunt; gesünder – gesund; klüger – klug.

6B8c
1. backen; 2. tanken; 3. Bekleidung; 4. Enkel; 5. tot; 6. Rat; 7. Gepäck; 8. Ente.

6C1a
6; 4; 5; 1; 3; 2.

6C1b
1. falsch; 2. falsch; falsch; 4. dass Computerspiele oft keine guten Geschichten erzählen; 5. Eine Geschichte erfinden – Mit einem Grafiker die Figuren entwickeln – Ein Storyboard produzieren – Die Figuren lebendig machen – Musik und Geräusche auswählen

6C1c
Individuell zu beantworten.

6C2a
Der widerspenstige Tennisball (Laufspiel): 5-10 Jahre; Tierkinder (Puzzle): 0-5 Jahre; Adel verpflichtet (Brettspiel): 10-100 Jahre.

6C2b
5; 4; 1; 2; 3.

6C2c
Beispiellösung:
Wenn ich einen Sechser würfle, darf ich beginnen. Ich muss meinen Stein zurück auf das Startfeld stellen, wenn ein anderer Spieler/eine andere Spielerin mein Feld erreicht. Wenn ich als erster meine Spielsteine ins Zielfeld gebracht habe, habe ich gewonnen. Um meine Steine vom Startfeld möglichst schnell zum Zielfeld zu bringen, muss ich das Spielfeld jeweils einmal umrunden. Ich bekomme vier Spielsteine.

6C2d
Beispiellösung:
Zu Beginn des Spiels musst du die 31 Spielkarten mischen und austeilen. Paare musst du am Tisch ablegen. Um weitere Paare ablegen zu können, musst du reihum eine Karte von deinem Nachbarn/von deiner Nachbarin ziehen. Die Spielerin oder der Spieler, der zum Schluss des Spiels den schwarzen Peter übrig hat, bekommt einen schwarzen Punkt auf die Nase gemalt.

6C2e
Hier ist deine eigene Kreativität gefragt.

6C3a
Individuell zu beantworten.

6C3b
Beispiellösung:
1. Aus Haus Nummer 1 hört man abends oft chinesische Musik, weil der Bewohner früher einige Jahre in China gelebt hat und Musik spielt, wenn er mit seinem Sohn asiatische Rezepte ausprobiert.
2. Bevor Hans-Eberhard in Haus Nummer 2 in Pension ging, hat er in einer Bibliothek gearbeitet.
3. Weil Sybille in Haus Nummer 3 fünf Jahre lang in Indien gelebt hat, liebt sie weite indische Kleider und bunte indische Kopftücher.
4. Haus Nummer 4 ist das Haus, in dem ein Geheimagent oder eine Geheimagentin wohnt.
5. Wenn sich die Studentinnen aus Haus Nummer 5 abends im Keller treffen, spielen sie gemeinsam Techno-Musik.
6. Der Landstreicher in Haus Nummer 6 ist in Wirklichkeit eine Sportstudentin, die im Zirkus den dummen Augustin in einem Landstreicherkostüm spielt.
7. Die Bewohnerinnen und Bewohner von Haus Nummer 7 proben jeden Tag mehrere Stunden für ihr Puppentheater.
8. Frederick in Haus Nummer 8 verdient Geld, indem er eine Hundepension führt.

6C3c
Stefanie lebt in Haus Nummer 7.
In Haus Nummer 5 wohnen vier Studentinnen, die abends in ihrem Keller Techno-Musik machen, aber nicht Autos reparieren.
Der Nachbar aus Haus 8 hat eine Hundepension, ist aber kein Hundefänger, der die Tiere für Tierversuche zur Verfügung stellt.

6C3d
Hier ist deine eigene Kreativität gefragt.

6C4a
Die Mannschaft hat das Spiel gewonnen.

6C4b
das; dass.

6C4c
dass; dass; dass; das; Das; dass; dass; das. Das Spiel endet unentschieden, weil Jans Lieblingsspieler für beide Mannschaften jeweils ein Tor geschossen hat.

6C4d
1. Das ist doch das Gesellschaftsspiel, das wir das letzte Mal gespielt haben.
2. Es ist doch egal, dass wir es schon einmal gespielt haben.
3. Ich habe noch nie gehört, dass jemand ein Spiel kein zweites Mal spielt.
4. Ich bin ganz sicher, dass das eine ziemlich dumme Regel ist.

TESTE DICH SELBST

6Ta
1. Das erste Telefon – hatte – seitlich – eine Kurbel.
2. Mit der Kurbel – konnte - man – die Leitstelle – anrufen.
3. Das Telefon – hatte – keine Wählscheibe.
4. Man – konnte – selbstständig – keine Nummern – wählen.

6Tb
1. Heute; 2. Vor 50 Jahren; 3. seit 1963; 4. Auf einer Musikkassette; 5. schnell und einfach; 6. wegen ihrer Handlichkeit.

6Tc
Wann?; Wie?; Warum?; Wohin?; Wohin?; Warum?; Wohin?; Wann?

6Td
1. arbeiten x; werden überwachen;
2. werden erledigen; gibt x;
3. gibt x; werden tragen;
4. werden besuchen; arbeiten x.

6Te
1. hat gespielt – Perfekt; 2. spielen – Präsens; 3. wünscht – Präsens; 4. wird bekommen – Futur; 5. kennt – Präsens; 6. hat gespielt – Perfekt; 7. fand – Präteritum.

6Tf
1. V; 2. G; 3. G; 4. Z; 5. G; 6. V; 7. V.

6W1
Tabelle:
Thema: Wetter in Wien und Sydney; Spalten: Ort und Datum; Zeilen: Temperatur, Bewölkung, Niederschläge, Wind; Die Symbole stellen das Wetter bildlich dar.
Kreisdiagramm:
Thema: Lieblingsjahreszeit; ganze „Torte": Verteilung der Stimmen für die jeweiligen Lieblingsjahreszeiten ihrer Mitschülerinnen und Mitschüler; einzelne „Tortenstücke": die Stimmen für die einzelnen Jahreszeiten.

6W2
Es wird ein Schraubenzieher beschrieben.

Lösungen – ZIEL.Deutsch 1
Übungsbuch

MODUL 1:

1A1a
schreien - V; Streit - N; Befehl - N; flüstern - V; Lob - N; zureden - V; Aussprache - N; diskutieren - V; Entschuldigung - N; trösten - V; erklären - V; beschimpfen - V; Missverständnis - N; beleidigen - V; Ruf - N; erzählen - V; Gratulation - N; kränken - V

1A1b 1
der Schrei; streiten; befehlen; das Flüstern; loben; das Zureden; aussprechen; die Diskussion; entschuldigen; der Trost; die Erklärung; die Beschimpfung; missverstehen; die Beleidigung; rufen; die Erzählung; gratulieren; die Kränkung.

1A1b 2
Hier ist deine eigene Meinung gefragt.

1A1c
Situation 2

1A2a 1
Apfel – Friedfertigkeit; Ameise – Fleiß; Delfin – Schnelligkeit; Fuchs – Klugheit; Anker – Hoffnung; Schnecke – Ausdauer; Waage – Gerechtigkeit; Lorbeerblatt – Gelassenheit; Schwan – Schönheit; Einhorn – Mut

1A2a 2
Der Apfel steht für Friedfertigkeit.
Ein Delfin bedeutet Schnelligkeit.
Eine Ameise verbindet man mit Fleiß.
Der Fuchs steht für Klugheit.
Anker verbindet man mit Hoffnung.
Die Schnecke steht für Ausdauer.
Eine Waage bedeutet Gerechtigkeit.
Ein Lorbeerblatt zeigt Gelassenheit an.
Der Schwan steht für Schönheit.
Ein Einhorn bedeutet Mut.

1A2b
der Bus; der Schlauch; das Lob; die Blume; die Liebe; der Humor; die Brille; der Irrtum; das Wasser.
Passen nicht zum Witz: die Liebe, das Lob.

1A2c
Maskulinum (männlich): der Bus, der Schlauch, der Humor, der Irrtum;
Femininum (weiblich): die Blume, die Liebe, die Brille;
Neutrum (sächlich): das Lob, das Wasser.

1A2d
die See/der See; der Tau/das Tau; der Leiter/die Leiter; der Kiefer/die Kiefer, die Steuer/das Steuer; das Erbe/der Erbe.

1A2e
1. Die See; 2. Der Kiefer; 3. die Leiter; 4. Der Tau.

1A3a
Wen würdest du gerne besuchen? – meinen Cousin in München;
Wessen Kleidungsstücke leihst du gerne aus? – die Pullis meiner Schwester;
Wer hilft dir manchmal bei deinen Hausaufgaben? – meine Freundin Jana.
Wem schenkst du dein altes Handy? – meinem kleinen Bruder;
Was wünschst du dir zu deinem Geburtstag? – ein neues Handy;
Wessen Haustiere fütterst du manchmal? – die Fische unseres Nachbarn.

1A3b
Wer oder was? – die Freundin – Nominativ (1. Fall);
Wessen? – des Nachbarn – Genitiv (2. Fall);
Wem? – dem kleinen Bruder – Dativ (3. Fall);
Wen oder was? – den Cousin in München – Akkusativ (4. Fall).

1A4a 1
immer

1A4a 2
Nomen: das Telefon, die Gefahr, das Abenteuer;
Eigennamen: Salzburg, Donau, Susanne;
Adjektive: praktisch, allgemein, fertig;
Verben: sehen, bedanken, verbessern.

1A4b 1
groß

1A4b 2
Klingeltöne von oben
Überall hören wir Handys klingeln, im Bus, in der Bahn, im Klassenzimmer und im Supermarkt. Manchmal kommen die Handytöne aber auch von oben. Singvögel zwitschern nämlich unsere Klingeltöne fröhlich nach. Viele Vögel ziehen in die Städte, weil sie dort oft mehr Nahrung finden. Vögel hören und lernen auch die Handytöne. Du darfst dich also nicht wundern, wenn dein Handy klingelt und niemand dran ist. Schau dich um. Irgendwo in deiner Nähe könnte ein Eichelhäher oder ein Star sitzen und deinen Lieblingsklingelton zwitschern.
Überflüssige Wörter: aber, Johannes, fliegen, dann, fragen, Freund

1B1a
1. Ein Elefant nimmt ein Sonnenbad. – Bild 5;
2. Ein Spiegelei steht auf dem Kopf. – Bild 8;
3. Ein Bär klettert einen Baum hoch. – Bild 2;
4. Ein Hase sitzt hinter einem Stein. – Bild 7;
5. Ein Ball fliegt über eine Mauer. – Bild 1;
6. Ein Mann liest eine Zeitung. – Bild 6;
7. Eine Briefmarke von der Seite gesehen. – Bild 3;
8. Ein Jäger und ein Hund gehen um die Ecke. – Bild 4.

1B1b
der Elefant; das Spiegelei; der Bär; der Hase; der Ball; der Mann; die Briefmarke; der Jäger; der Hund.

1B2a und 1B2b
1: <u>Deine</u> Lieblingstiere sind Katzen,
2: <u>mein</u> Lieblingstier ist ein Hund.
3: <u>Dein</u> Lieblingsfach ist Mathematik,
4: <u>ich</u> freue mich auf <u>meine</u> Deutschstunden.
5: <u>Du</u> fährst mit <u>deinem</u> Fahrrad zur Schule,
6: <u>ich</u> warte lieber auf <u>meinen</u> Bus.
7: <u>Du</u> übst jeden Tag auf <u>deiner</u> Geige,
8: <u>meine</u> Klavierstunden hab <u>ich</u> schon lange aufgegeben;
9: <u>Du</u> telefonierst stundenlang mit <u>deinen</u> Freundinnen,
10: <u>ich</u> spiele lieber mit <u>meinen</u> Freunden Fußball.
11: <u>Wir</u> sind sehr verschieden,
12: doch das ist wohl normal für Bruder und Schwester.

1B2c
Ihre Lieblingstiere sind Katzen, sein Lieblingstier ist ein Hund.
Ihr Lieblingsfach ist Mathematik, er freut sich auf seine Deutschstunden.
Sie fährt mit dem Fahrrad zur Schule, er wartet lieber auf seinen Bus.
Sie übt jeden Tag auf ihrer Geige, er hat seine Klavierstunden schon lange aufgegeben.
Sie telefoniert stundenlang mit ihren Freundinnen, er spielt lieber mit seinen Freunden Fußball.
Sie sind sehr verschieden, doch das ist wohl normal für Bruder und Schwester.

1B2d
Ihr; euren; wir; unser; Eure; wir; Ihr; euren; wir; unser; Ihr; eure; wir; euch; euren

1B2e
Hier ist deine eigene Kreativität gefragt.

1B3a
das Bein – die Beine; die Pfütze – die Pfützen; das Haus – die Häuser; der Käfer – die Käfer; der Punkt – die Punkte; der Monat – die Monate; die Wiese – die Wiesen; das Jahr – die Jahre; der Flügel – die Flügel; der Gang – die Gänge; der Purzelbaum – die Purzelbäume; das Auto – die Autos.

1B3b
1. Gänge; 2. Pfützen; 3. Jahre, Monate; 4. Beine; 5. Käfer, Flügel; 6. Häuser; 7. Punkte; 8. Purzelbäume.
Stimmt nicht: 2; 4; 7.

1B3c
die Gänge, der Gänge, den Gängen, die Gänge;
die Pfützen, der Pfützen, den Pfützen, die Pfützen;
die Jahre, der Jahre, den Jahren, die Jahre;
die Monate, der Monate, den Monaten, die Monate;
die Beine, der Beine, den Beinen, die Beine;
die Käfer, der Käfer, den Käfern, die Käfer;
die Flügel, der Flügel, den Flügeln, die Flügel;
die Häuser, der Häuser, den Häusern, die Häuser;
die Punkte, der Punkte, den Punkten, die Punkte;
die Purzelbäume, der Purzelbäume, den Purzelbäumen, die Purzelbäume.

1B4a
immer;
1. Sie; 2. Ihr, Ihnen; 3. ihre; 4. sie; 5. Sie; 6. ihre, sie

1B4b

Höfliche, persönliche;
a. dein; dir; dir; dir – c. du; deine; du; dir;
b. Ihr; Sie; Ihre – d. Sie; Ihnen; Ihnen.

1C1a 1

Individuell zu beantworten.

1C1a 2

Hier ist deine eigene Kreativität gefragt.

1C1b

Nomen: Haustier, Stunde, Tag
Verben: haben, sein, finden, passen, aussehen
Adjektive: schmutzig, laut, nervig, allergisch, interessant

1C1c

1. Klassenbuch; 2. Schwimmunterricht; 3. Buntpapier; 4. Radiergummi; 5. Magermilch; 6. Jausenbrot; 7. Aufgabenheft; 8. Turnsaal.

1C1d

Nomen + Nomen: Klassenbuch; Jausenbrot; Aufgabenheft;
Verb + Nomen: Schwimmunterricht; Radiergummi; Turnsaal;
Adjektiv + Nomen: Buntpapier; Magermilch.

1C2a

Krankheiten; Sauberkeit; Entschuldigung; Begeisterung; Verwaltung; Meinung; Freundschaft; Geschirrspüler; Verkäuferin; Erlaubnis; Gefängnis

Ein Haustier für alle Fälle ...
Geschirrspüler; Entschuldigung; Krankheiten; Freundschaft; Begeisterung; -verwaltung; Erlaubnis; Verkäuferin; Gefängnis; Sauberkeit; Meinung.

1C2b

Katrin: „Ich liebe mein Haustier. Es ist eine dicke Freundschaft geworden, obwohl die Begeisterung nicht sehr groß gewesen ist, als ich Benni bekommen habe. Ich habe mir eigentlich einen richtigen Hund gewünscht."
Stefan: „Ich finde Benni ist keine gute Alternative zu einem richtigen Haustier. Meine Eltern haben sich schließlich auch keine elektronischen Kinder angeschafft, und das muss ja einen Grund haben."
Ich: Individuell zu beantworten.

1C2c

Beispiellösung:
-heit: frei – Freiheit; schön – Schönheit;
-keit: geschwind – Geschwindigkeit; tapfer – Tapferkeit;
-ung: begegnen – Begegnung; umfahren – Umfahrung;
-schaft: Nachbar – Nachbarschaft; Graf – Grafschaft;
-er: Staub saugen – Staubsauger; fernsehen – Fernseher;
-in: frisieren – Friseurin; Arzt – Ärztin;
-nis: finster – Finsternis; sich ereignen – Ereignis.

1C3a

Ich, Du, Die Kinder, Herr Mürrisch, ich, ihr, Wir, Unser Nachbar;
Prädikate: schlafe, schläfst, schlafen, sagt, brauche, braucht, müssen tun, muss weggeben;
Prädikate aus zwei Teilen: müssen tun, muss weggeben.

1C3b

Lesezeichen: ich lese Zeichen, du liest Zeichen, er liest Zeichen, wir lesen Zeichen, ihr lest Zeichen, sie lesen Zeichen;
Kochlöffel: ich koche Löffel, du kochst Löffel, er kocht Löffel, wir kochen Löffel, ihr kocht Löffel, sie kochen Löffel;
Stupsnasen: ich stupse Nasen, du stupst Nasen, er stupst Nasen, wir stupsen Nasen, ihr stupst Nasen, sie stupsen Nasen;
Glühbirnen: ich glühe Birnen, du glühst Birnen, er glüht Birnen, wir glühen Birnen, ihr glüht Birnen, sie glühen Birnen;
Gießkannen: ich gieße Kannen, du gießt Kannen, er gießt Kannen, wir gießen Kannen, ihr gießt Kannen, sie gießen Kannen.

1C4a

abräumen, Beere, beschädigen, Flosse, fraß, Huhn, kratzen, Meer, Schnecke, Schwämme, wiehern, zahm

1C4b

1. arg, Beere, Hahn, kriechen, Zoo;
2. eilig, Ente, Erdbeere, etwas;
3. vergessen, verhindern, verlangen, versäumen.

1C4c

zwischen knurren und Koch; zwischen übersehen und übersiedeln; zwischen Afrika und Ahnung.

1C4d

Beton – Onkel – Ellbogen – Ende – Denkmal – Albtraum – umsonst – Stundenplan – Ansprache – Heldin – Insel (*Beispiel:* – Elster – erlauben – Englischstunde – deuten – ...)

1C4e

Beispiellösung:
s: Ich habe Hunger. Ich mache die Aufgabe. Er läuft gerne. Ina fotografiert gerne. Wir haben einen Bruder.

1C4f

Individuell zu beantworten.

MODUL 2:

2A1a

Bild 1: 1, 5, 6, 9, 10
Bild 2: 2, 3, 4, 7, 8

2A1b

Entscheidungsfragen; Personalform; Fragewort;
Entscheidungsfragen: 3, 5, 6, 8, 10
Ergänzungsfragen: 1, 2, 4, 7, 9

2A1c

1. Den Wolf; 2. Bei den sieben Zwergen; 3. Ja; 4. Sie wurde vergiftet; 5. Nein; 6. Nein; 7. Schneewittchen; 8. Nein; 9. Geh direkt zur Großmutter; 10. Nein.

2A1d

Individuell zu beantworten.

2A2a

1d, 2c, 3a, 4b.

2A2b

Könntest du die Tafel löschen? Lösch die Tafel!
Würdet ihr zuhören? Hört zu!
Würden Sie mir bitte Ihren Führerschein zeigen? Zeigen Sie mir bitte ihren Führerschein!
Könnten Sie woanders parken? Parken Sie woanders!
Könntest du dein Zimmer aufräumen? Räum dein Zimmer auf!
Würdest du bitte den Tisch decken? Deck bitte den Tisch!
Könntest du schneller einsteigen? Steig schneller ein!
Würdest du für die Dame aufstehen? Steh für die Dame auf!

2A2c 1

1: Hier ist es viel zu laut. – Aus-S
2: Nach dem Flug nehme ich eine Dusche. – Aus-S
3: Fahr doch zu einem anderen Strand! – Auf-S
4: Ist hier ein Flugplatz in der Nähe? – Entsch-F
5: Warum fliegt das Flugzeug so tief? – Erg-F
6: Hat Denise heute am Flughafen Dienst? – Entsch-F
7: Welches Warnlicht leuchtet denn da? – Erg-F

2A2c 2

Flugpersonal: 2, 4, 6, 7; Badegäste: 1, 3, 5

2A3a

2. „Ausgezeichnet!" – *direkte Rede* – lobt er ihn – *Begleitsatz*;
3. „Das ist sicher die kürzeste Landebahn der Welt." – *direkte Rede* – stellt der Pilot verwundert fest – *Begleitsatz*
4. „Stimmt", „Sie ist wirklich nur wenige Meter lang." – *direkte Rede* – bestätigt der Copilot – Begleitsatz;
5. Dann sieht er links und rechts aus dem Fenster und meint: – *Begleitsatz* – „Aber dafür ist sie 3000 Meter breit." – *direkte Rede*.

2A3b

Beispiellösung:
„Dreiundzwanzig, vierundzwanzig, fünfundzwanzig, ...", zählt Hanna laut. Florian fragt neugierig: „Was machst du denn da?". „Ich zähle die Fische in meinem Aquarium", erwidert Hanna. „Und?", will Florian wissen, „Fehlt einer?". „Das weiß ich noch nicht", erwidert Hanna skeptisch. „Ich beginne jetzt schon zum fünften Mal mit dem Zählen." Darauf schlägt Florian vor: „Dann zählen wir doch zu zweit. Du zählst die Fische rechts, ich zähle links." „Eins, zwei, drei, ... Verdammt!", flucht Hanna verärgert. „Ich habe mich schon wieder verzählt." „Weißt du was", entgegnet Florian, „wir nehmen sie einfach heraus und zählen sie dann." Hanna ruft erstaunt: „Meinst du, das geht?"

2A4a

Konsonanten: b, t, k, g ...
einfache Vokale: a, e, i, o, u
Diphthonge (Zwielaute): au, äu, eu, ei, ai
Umlaute: ä, ü, ö

2A4b

Konsonanten: p, f, s, b, g, m, w, r, l, n, t, k, d;
Umlaute: ä;
Einfache Vokale: o, e, a, i, u;
Diphthonge: eu, ei, au, ai, äu.

2A4c

zwei, exakt, zu, Axt, Zeit;
Eva, Familie, von, Alphabet, davon;

2A4d

Was ist braun, steht auf der Wiese und mach Quak?
Wie nennt man einen Bumerang, der nicht zurückkommt?
Wie heißt der chinesische Verkehrsminister?

2B1a

Ein Weibchen breitet drohend seine Fangbeine aus.
Menschen müssen sich vor dem Insekt aber nicht fürchten.
Gottesanbeterinnen werden nur acht Zentimeter groß.
Die Männchen sind kleiner als die Weibchen.
– passt am besten zum Foto
Nach der Paarung ist Vorsicht ratsam.
Die Weibchen fressen ihre Partner oft auf.
Kurz nach dem Schlüpfen sind die Larven winzig.
Ihre Farbe schützt sie vor Angreifern.
Die Feinde lassen sich von dem leuchtenden Rot abschrecken.

2B1b

breitet aus; müssen fürchten; werden; sind; ist; fressen auf; sind; schützt; lassen abschrecken.
einteilig: 5; mehrteilig: 4.

2B1c

Habt; Haben; Können; können; kann; lachen; spielt; ist; hat; jagt; ist; bleibt; beginnt; kann; lässt; kennen; hast; schimpfen; stehst; kann; funktioniert.
Subjekte: ihr, eure Haustiere, Tiere, Einige Tierarten, Schimpansen, sie, Spaß, Das Lachen, Bobo, Jonny, Er, Bobo, Jonny, Er, Wir, Du, deine Eltern, du, dein Sei-mir-nicht-böse-Lächeln, es;
Prädikate: Habt erzählt, Haben gelacht, Können lachen, können, kann kitzeln, lachen, spielt, ist, hat, jagt, ist, bleibt stehen, beginnt, kann sein, lässt, kennen, hast angestellt, schimpfen, stehst, kann helfen, funktioniert.

2B2a

1. <u>Ein Freund</u> <u>macht</u> dir ein unerwartetes Geschenk.
2. Dir <u>macht</u> <u>ein Freund</u> ein unerwartetes Geschenk.
3. Ein unerwartetes Geschenk <u>macht</u> dir <u>ein Freund</u>.
4. <u>Macht</u> dir <u>ein Freund</u> ein unerwartetes Geschenk?

2B2b

Erfreuliche Vorhersagen: 1, 3, 5; weniger erfreuliche Vorhersage: 2, 4.

2B2c

Ein guter Freund / lädt / dich / überraschenderweise / ein.
Du / wirst / unverhofft / an einen alten Streit / erinnert.
Nach einem anstrengenden Tag / findest du / bei guten Bekannten / Ruhe.
In der Schule / musst / du / außergewöhnlich viel / leisten.
Du / führst / ein gutes Gespräch / mit einem Freund.

Subjekte: Ein guter Freund; Du; du; du; Du;
Prädikate: lädt ein; wirst erinnert; findest; musst leisten; führst.

2B2d

Guter Tag: 1, 3, 4; weniger guter Tag: 2, 5.

2B2e

1. Jasmin hat eine Zwei-Euro-Münze gefunden. 2. Bernd hat seine Turnsachen liegengelassen. 5. Nataschas Katze hat eine Maus gebracht.
Nur Subjekt und Prädikat: 3. Julian hat gespielt. 4. Mia hat geschlafen.

2B2f

Gestern war mein Lieblingsonkel zu Besuch. Seit einem Jahr habe ich ihn nicht gesehen. Gemeinsam sind wir gleich am nächsten Tag in den Prater gegangen. Nach dreimal Zuckerwatte und vier Langos hatte ich Bauchschmerzen. Trotzdem war es ein wunderschöner Tag für mich.

2B2g

Für den 31. Juli hatte das Horoskop in der Zeitung dem Hans einen Glückstag vorausgesagt. Aber: Am Morgen rutschte er beim Duschen in der Badewanne aus und schlug sich die Nase am Wasserhebel blutig. In der Schule bekam er Streit mit seinem Freund und auf die Rechenarbeit einen Fünfer. Zu Mittag zerbrach ihm der volle Saftkrug in den Händen. Dann verlor er eine Wette gegen seine Schwester, was ihn um seine ganze Barschaft ärmer machte. Und am Abend zerbiss er ein Hustenbonbon und dabei brach sein linker Eckzahn ab. [...]
„Ungemach über Ungemach donnert auf mich herab, und ich bin trotzdem heiter!".

2B2h 1

1. Hans hatte viel Unglück. Er rutschte beim Duschen aus, er hatte Streit mit seinem Freund und einen Fünfer in der Rechenarbeit. Er zerbrach den Saftkrug und verlor eine Wette. Er brach sich einen Zahn ab.
2. Er erträgt sein Unglück in guter Stimmung, das ist für ihn ein Glück.
3. Hans interpretiert die Realität so, dass sie mit seinem Horoskop übereinstimmt. So hat sein Horoskop für ihn die Realität verändert.

2B3a

Himmel: anhimmeln, Nachthimmel; Gefahr: gefährden, gefährlich; lehren: Lehrstelle, Lehrerin; Spiel: spielen, Beispiel; wecken: Weckruf, Wecker.

2B3b

Rad, Räder, Rad; Rand, Ränder, Rand; Hand, Hände, Hände; Berg, Berge, Berg; Blatt, Blätter, Blätter; Stab, Stäbe, Stab; Raum, Räume, Räume; Spielzeug, Spielzeuge, Spielzeug; Stadt, Städte, Städte; Dieb, Diebe, Dieb.

2B3c

er, sie, es fährt; wir, sie fahren;
ich schlafe; du schläfst; er, sie, es schläft; ihr schlaft;
ich falle; du fällst; wir, sie fallen; ihr fallt;
du lässt; er, sie, es lässt; ihr lasst;
ich wachse; er, sie, es wächst; wir, sie wachsen; ihr wachst;
ich laufe; du läufst; er, sie, es läuft; wir, sie laufen.

2B3d

Fährst; schläft; fällst; wächst.

2B3e

neugierig – neu; zählen – Zahl; ändern – anders; speckig – Speck; Räuber – rauben; häuslich – Haus; heutig – heute; Fläche – flach.

2C1a

Titel: Der „umweltbewusste" Bruder
weil; Deshalb; damit; um; damit; Denn; weil.

2C1b 1

a) Wasserfarben anrühren – nicht zu viel Wasser nehmen – Bildnerische Erziehung;
Wenn man Wasserfarben anrühren will, darf man nicht zu viel Wasser nehmen.
b) einen Kopfstand lernen – zuerst an einer Wand üben – Bewegung und Sport;
Wenn man einen Kopfstand lernen will, sollte man zuerst an einer Wand üben.
c) Bergformen auf einer Karte erkennen – Höhenlinien lesen – Geografie und Wirtschaftskunde;
Wenn man Bergformen auf einer Karte erkennen will, musst man Höhenlinien lesen.
d) den Flächeninhalt eines Rechtecks berechnen – Länge mit der Breite multiplizieren – Mathematik;
Wenn man den Flächeninhalt eines Rechtecks berechnen will, muss man die Länge mit der Breite multiplizieren.
e) eine Bildbeschreibung verfassen – direkte Rede verwenden – Deutsch;
Wenn man eine Bildbeschreibung verfasst, sollte man direkte Rede verwenden.
f) Noten schreiben – fünf Notenlinien zeichnen – Musikerziehung.
Wenn man Noten schreiben will, muss man fünf Notenlinien zeichnen.

2C1c

1. Adiba befürchtet/vermutet/hofft/glaubt, dass sie am Freitag vielleicht Frau Berger in Turnen haben.
2. Gernot ist sich sicher/weiß/behauptet, dass Graz die Hauptstadt der Steiermark ist.
3. Nairne ist sich sicher/befürchtet/vermutet/glaubt, dass das Wetter am Wochenende schlecht ist.
4. Nermina befürchtet/vermutet/glaubt, dass sie wahrscheinlich ihr Deutschbuch zu Hause vergessen hat.
5. Stefan hofft, dass die Lernwörter nicht zum Test kommen.

2C1d

1. Wenn Garfield zu viel gefressen hat, bekommt er Magenbeschwerden. Deshalb ist Jon mit ihm zum Tierarzt gegangen.
2. Obwohl sie pünktlich beim Arzt sind, müssen sie im Wartezimmer ein wenig warten. Neben Garfield steht ein Käfig mit einem kleinen Vogel.
3. Weil der kleine Vogel sich erkältet hat, muss er die ganze Zeit husten.
4. Garfield ist immer hungrig, auch wenn er Magenbeschwerden hat.
5. Plötzlich hört Jon, dass das Husten neben ihm anders klingt.
6. Er sieht, dass der Käfig mit dem kleinen Vogel leer ist, denn sein gefräßiger Kater hat den Piepmatz gefressen.

2C2a 1

3, 6, 1, 7, 4, 5, 2.

2C2a 2

zuerst; Nachdem du alle Zutaten besorgt hast; jetzt; Danach; Zum Schluss; Bevor du den Milchshake servierst.

2C2b

Hier ist deine eigene Kreativität gefragt.

2C3a

<u>u</u>, <u>u</u>; o•, o•; a•, a•; i•, i•; <u>e</u>, <u>e</u>; <u>e</u>, <u>e</u>; <u>a</u>, <u>a</u>; <u>a</u>.

2C3b
kurze Vokale: Verdoppelung des Konsonanten, -tz; -ck;
lange Vokale: Verdoppelung des Vokals; stummes h; langes i.

2C3c
A·lltag; be·ttelarm; Diebstahl; Ba·ckrohr; Mühlrad; Schmu·tzfi·nk; Meeresgru·nd; Kra·tzspur.

2C3d
na·ckt; Hü·tte; Ne·tz; schief; Saal; Ka·tze; Friede·n; Bu·sfahre·r; Mi·lli·on; Pfe·ffe·r.

MODUL 3:

3A1a
B.

3A1b
hat – geschneit – schneien; haben – gesehen – sehen; hast – geschenkt – schenken; habe – getragen – tragen; haben – ausprobiert – ausprobieren; ist – vorangekommen – vorankommen; hat – gefunden – finden.

3A1c
1. Wir haben gestern eine Schneeballschlacht gemacht.
2. Wir haben ein Ruderboot gemietet.
3. Ich habe mir ein Snowboard ausgeliehen. Das hat mir Spaß gemacht.
4. Am Strand haben wir Tischtennis gespielt.
5. Wolfi hat am Abend eine große Schüssel Hundefutter bekommen.
Die Sätze 1, 3 und 5 passen zur Ansichtskarte.

3A1d
Hier ist deine eigene Kreativität gefragt.

3A2a
A Tagesgeschehen: Unfall beim Grillen: Kleider fingen Feuer; Bankräuber entkamen mit Geldkoffer;
B Sport: FC Eckdorf verlor Meisterschaft – Fans tobten; Tausende Fans hofften auf Österreicher – Kanadier siegte;
C Wissenschaft: Raumsonde erreichte Pluto; Archäologen fanden neues Mumiengrab;
D Kultur: Fans verfolgten Schlagerstar bis ins Hotelzimmer; Fünf Millionen kauften Marina Bergers neuen Bestseller.

3A2b
erreichen – erreichte – (hat) erreicht; fangen – fingen – (hat) gefangen; finden – fand – (hat) gefunden; verlieren – verlor – (hat) verloren; toben – tobte – (hat) getobt; verfolgen – verfolgte – (hat) verfolgt; entkommen – entkam – (ist) entkommen; hoffen – hoffte – (hat) gehofft; siegen – siegte – (hat) gesiegt; kaufen – kaufte – (hat) gekauft.

3A2c
kann, versuchten, macht, gewann, wurde, sind, analysierte, blieben, war, galt, Geben, bat, müssen, war, sahen;
Überschrift: Tausende Fans hofften auf Österreicher – Kanadier siegte

3A2d
finden – fand – gefunden; kommen – kam – gekommen; nehmen – nahm – genommen; fangen – fing – gefangen; singen – sang – gesungen; fallen – fiel – gefallen; schließen – schloss – geschlossen; beißen – biss – gebissen; schieben – schob – geschoben; werfen – warf – geworfen.

3A2e
1. warf, fing – Der Froschkönig;
2. sang – Rumpelstilzchen;
3. kam, fand – Die sieben Geißlein;
4. schob, schloss – Hänsel und Gretel;
5. nahm, biss, fiel – Schneewittchen.

3A3a
hast, große, kann;
Mutter, Mädchen, Weg;
Jäger, lautes, Schnarchen.

3A3b
2, 1, 3.

3A3c
1. vielleicht; Eheleute; gewesen; wünschten; Süßes; kriegten;
2. Huckepack; Mühle; klagen; getragen; kam; lahm; missgönnte; Gnadenbrot.

3A3d
Märchen 1: Dornröschen; Märchen 2: Die Bremer Stadtmusikanten.

3B1a
4, 3, 5, 2, 1.

3B1b
„Oh nein, entsetzlich schlecht!" antwortete diese.

3B2a
1B; 2A; 3B; 4B.

3B3a
1. und dann noch einmal – W;
2. und ihre Hände wurden ganz feucht – V;
3. bis es nur noch ein Punkt am Horizont war – V;
4. und immer näher – W.

3B3b
zündeln +, brennen ++, verbrennen +++; gehen +, joggen ++, sprinten +++; nieseln +, regnen ++, schütten +++; wedeln +, hochspringen ++, umwerfen +++; leise +, laut ++, ohrenbetäubend +++; Puppe +, Raupe ++, Schmetterling +++; Individuell zu beantworten.

3B4a
hören: lauschen, zuhören, abhören;
sehen: beobachten, übersehen, besichtigen;
riechen: schnüffeln, schnuppern, wittern;
fühlen: empfinden, schmerzen, berühren;
schmecken: schmatzen, nagen, kauen.

3B4b
1. besichtigen;
2. wittern;
3. schmerzt;
4. nagt.

3B5a
Falsche Adjektive: hübsches; weiten; winzige; warmen; täglichen; glücklich; feierlichen; unbeeindruckt; wenig; seichten; neugierige; leise; nassen; vorwurfsvoll; verständlich; angeberisch; hell; böse; gefährlich; liebe.

3B5b
Adjektive mit Endung: hässliches; spitzen; große; glitschigen; nächtlichen; fröhlichen; nahen; fröhliche; tiefen; unheimliche;
Adjektive ohne Endung: verstört; offensichtlich; viel; laut; dringend; unklar; rätselhaft; dunkel; nüchtern; leicht.

3B5c
Hier ist deine eigene Kreativität gefragt.

3B5d
Hier ist deine eigene Kreativität gefragt.

3B6a
las – lesen; traf – treffen; Kräne – Kran; verbot – verbieten; weißt – wissen; Hühner – Huhn; gezogen – ziehen; stritt – streiten; schwor – schwören; geworfen – werfen.

3B6b
Regelmäßige Verben: pflanzen, suchen, spielen, kochen, leben, tanzen, wohnen; schlafen – schlief – geschlafen; brechen – brach – gebrochen; frieren – fror – gefroren; leihen – lieh – geliehen; helfen – half – geholfen; liegen – lag – gelegen; fließen – floss – geflossen; riechen – roch – gerochen; treffen – traf – getroffen; sterben – starb – gestorben; wiegen – wog – gewogen.

3B6c
ko·mmen, kam, geko·mmen; nehmen, nahm, geno·mmen; verge·ssen, vergaß, verge·ssen; fa·llen, fiel, gefa·llen; e·ssen, aß, gege·ssen; bi·tten, bat, gebeten.

3C1a
Adriana (Nixe): Ich habe in einer alten Burg gewohnt; Ich habe sehr gerne Fußball gespielt; Mit zehn Jahren habe ich die Fahrradprüfung gemacht;
Damon (Zauberer): Ich habe nicht an Zauberer und Hexen geglaubt; Ich habe in der Geisterstunde gespukt; Ich habe auf einem alten Segelschiff gelebt und dort Unsinn getrieben.

3C1b
schwimmen – schwamm – geschwommen; helfen – half – geholfen; zerreißen – zerriss – zerrissen; wegnehmen – wegnahm – weggenommen; vergessen – vergaß – vergessen; gefallen – gefiel – gefallen; treiben – trieb – getrieben.

3C1c
Individuell zu beantworten.

3C1d
Individuell zu beantworten.

3C2a
Flaschengeist.

3C2b
Beispiellösung:
... gibt es nur noch hässliche Glas- und Plastikflaschen.
... putzt niemand sein Zuhause.

3C2c
konnte finden; hat gerochen; habe wohlgefühlt; habe erfüllt; geputzt hat; musste warten.

3C2d

heute (Präsens): hilft; holt ... ab; weiß; singen; will ... reisen;
früher (Perfekt oder Präteritum): war; ist ... geschwommen; musste ... suchen; kamen; durften ... spielen.

3C2e

Individuell zu beantworten.

3C3a

1. Jemand wird plötzlich klein.
2. Ein Gegenstand beginnt zu sprechen.
3. Ein Haustier beginnt zu sprechen.
4. Jemand reist in ein Fantasieland.

3C3b

2. Ein Gegenstand beginnt zu sprechen.

3C3c

Hier ist deine eigene Kreativität gefragt.

3C4a

zehn; Uhr; zählte; Hühner; Hahn; fehlte; wohl; geschehen; Huhn; erzählte; Sohn; fahre; wahrscheinlich; Bahn; Mühle; mehr; stehlen; prahle; fühlte; gewöhnt.

3C4b

Beispiellösung:
zehn: der Zehnte, zehntausend, das Zehnfache, ...
Uhr: Uhrzeit, Uhrturm, Armbanduhr, ...
zählte: Zahl, zählbar, Anzahl, ...
Hühner: Hühnersuppe, Hühnchen, Hühnerbeine, ...
Hahn: Wetterhahn, Wasserhahn, Hahnenkampf, ...
fehlte: Fehlstunde, fehlerhaft, unfehlbar, ...
wohl: unwohl, Wohlstand, sich wohlfühlen, ...
geschehen: Geschehnis, ungeschehen, ...
erzählte: Erzählung, Erzähler, erzählerisch, ...
Sohn: Söhne, Enkelsohn, ...
fahre: Fahrer, Fahrzeug, befahrbar, ...
wahrscheinlich: Wahrscheinlichkeit, Wahrscheinlichkeitsrechnung, ...
Bahn: Bahnübergang, Bahnsteig, bahnen, ...
Mühle: Windmühle, mahlen, Pfeffermühle, ...
mehr: vermehren, Mehrwert, ...
stehlen: Diebstahl, bestehlen, sich aus dem Haus stehlen, ...
prahle: Prahler, Prahlerei, ...
fühlte: Gefühl, fühlbar, Gefühlschaos, ...
gewöhnt: Gewohnheit, ungewohnt, abgewöhnen, ...

3C4c

Zahl – zahlen – zahlreich; Nähe – nähern – nah; Abnahme – abnehmen – abnehmbar; Wohnung – bewohnen – bewohnbar; Ruhe – ruhen – ruhig; Fehler – fehlen – fehlerhaft.

3C4d

1. Kohle, Brennstoff;
2. nähern, anschleichen;
3. glühen, Abendrot;
4. befiehlt, Gehorsam;
5. belohnt, Lob;
6. Benehmen, Rüpel.

MODUL 4:

4A1a

Die Geschichte spielt in einem Zug.
In der Geschichte kommen eine junge Frau und ein ihr fremder Mann vor.

4A1b

1d; 2c; 3b; 4a; 5c; 6d.

4A1c

1. und war fasziniert von der Tier- und Pflanzenwelt;
2. weil es in diesem Land noch so viel zu entdecken gab;
3. Aber da hatte sie sich getäuscht;
4. der sich gut mit Tropenkrankheiten auskannte;
5. und ritzte diese auf;
6. Die Frau erlitt einen Schock.

4A1d

Es kommen darin Fantasiefiguren wie Riesen, Kobolde und Ungeheuer vor: alte Sagen;
Sie erklären Naturphänomene (wie zum Beispiel Berge, Schluchten, Hochwasser usw.) auf sagenhafte Weise: alte Sagen;
Sie wurden und werden immer wieder erzählt und dabei häufig verändert: alte Sagen und moderne Sagen;
Sie erregen bei den Zuhörern oft Ekelgefühle oder Schrecken: alte Sagen und moderne Sagen;
Sie sind sehr unglaubwürdig, obwohl der Erzähler behauptet, sie wären wahr: moderne Sagen;
Der Erzähler behauptet oft, dass er die Geschichte von jemandem gehört hat, der sie wiederum von jemand anderem erzählt bekommen hat, sie sei aber ganz sicher wahr: moderne Sagen.

4A2a

Hier ist deine eigene Kreativität gefragt.

4A2b

1. In vielen Ländern der Erde, in einem Weizenfeld in Milk Hill in England;
2. Die Kornhalme werden in einer regelmäßigen Weise abgeschnitten.
3. Es ist eines der größten und schönsten Kornkreisgebilde.
4. Man müsste alle dreißig Sekunden einen Kreis machen, wenn man ein solches Muster während einer einzigen Nacht in das Feld mähen möchte.

4A2c

1. die Entstehung und das Aussehen von Kornkreisen, warum man nicht weiß, wie sie entstehen;
2. Kornkreise kann man nie von der Erde aus sehen, Sie sind sagenhaft, weil sie sehr schnell entstehen;
3. Sie sind auch schon in England aufgetaucht, In vielen Ländern der Welt kann man Geschichten zu ihrer Entstehung hören.

4A2d

Hier ist deine eigene Kreativität gefragt.

4A3a

1. paar; 2. See; 3. Boot; 4. Zwillingspaar; 5. Haar; 6. Beet; 7. Moos; 8. Aale.

4A3b

Sie erregt beim Leser Schrecken. Sie ist sehr unglaubwürdig, obwohl der Erzähler behauptet, sie wäre wahr. Der Erzähler behauptet, dass er die Geschichte schon ein paar Mal gehört hat.

4A3c

Beispiellösung:
1. Waage: die Waagschale, die Körperfettwaage, abwiegen, ...
2. Saal: Ballsaal, Hörsaal, Turnsaal, ...
3. Staat: staatlich, Staatsvertrag, verstaatlichen, ...
4. Idee: ideenreich, Grundidee, ideenlos, ...
5. Beet: Gemüsebeet, Blumenbeet, ...
6. Zoo: Zoowärter, Zootiere, zoologisch, ...
7. Shampoo: shampoonieren, Shampooflasche, Shampoosorte, ...

4B1b

er zerstörte; er warf; du wolltest; sie versuchte; sie sahen; er schlug; sie brüllten; sie meinte; sie stand; sie merkte; sie behandelte; sie lobten; sie machten; sie riefen; sie fragte.

4B1c

er hat zerstört; er hat geworfen; du hast gewollt; sie hat versucht; sie haben gesehen; er hat geschlagen; sie haben gebrüllt; sie hat gemeint; sie ist gestanden; sie hat gemerkt; sie hat behandelt; sie haben gelobt; sie haben gemacht; sie haben gerufen; sie hat gefragt.

4B1d 1

haben beobachtet; hat geworfen; hat versucht; hat festgehalten, geschlagen; haben gemacht; haben gebrüllt; haben gerufen;

4B1d 2

ist passiert; habe behandelt; habe kritisiert; gebraucht hat; ist gekommen; hat beobachtet; habe verhalten.

4B1e

Hier ist deine eigene Kreativität gefragt.

4B2a

ihr; uns; dich; ihn; euch; sie.

4B2b

1. sie, sie, ihnen; 2. euch, Ihr, euch; 3. wir, uns; 4. dich, Du, dir; 5. sie, ihr, sie; 6. Ich, mir, mich; 7. ihm, ihn, Er; 8. es, Es, ihm.

4B3a

1. siehst, niedrigen, schießen, Die, fliehen;
2. Dienstag, viel, marschiert, Brief;
3. siehst, wie, Brieftasche, verliert, sie, Papiergeld, sie.

4B3b

spazieren; studieren; ruinieren; gratulieren; informieren; ausradieren.

4B3c

1. ruiniert; 2. informieren; 3. ausradieren; 4. spazieren.

4B3d

fallen – fiel; fliehen – floh; verzeihen – verzieh; frieren – fror; lassen – ließ; halten – hielt; steigen – stieg; verlieren – verlor; schlafen – schlief; schließen – schloss; schieben – schob; riechen – roch; laufen – lief.

4C1a

5, 2, 4, 3, 1.

4C1b

1. Die Lieder gefielen den Menschen.
2. Die Menschen hörten Augustin zu.
3. Die Menschen luden Augustin ein.
4. Die Menschen bezahlten Augustin mit Wein.
5. Die Stadtknechte halfen Augustin.
6. Augustin dankte den Stadtknechten.
7. Augustin schenkte den Wienern viele Lieder.

4C1c

Subjekt: Sie, Sie, Sie, Sie, Sie, Er, Er;
Prädikat: gefielen, hörten zu, luden ein, bezahlten, halfen, dankte, schenkte;
Objekt: ihnen, ihm, ihn, ihn ihm, ihm, ihnen, sie ihnen.

4C2a

1. Was hat der liebe Augustin ihnen vorgesungen? – seine Lieder; Wem hat der liebe Augustin Lieder vorgesungen? – den Wienern;
2. Was haben die Menschen ganz vergessen? – die Seuche;
3. Wem hat das Publikum einen Becher Wein spendiert? – Augustin;
4. Wen sah Augustin neben sich? – die Pestleichen;
5. Wem dankte Augustin überschwänglich? – den Stadtknechten;

4C2b

seine Lieder – Akkusativ; den Wienern – Dativ; die Seuche – Akkusativ; Augustin – Dativ; die Pestleichen – Akkusativ; den Stadtknechten – Dativ.

4C2c

Vier Nomen: einen Hubschrauber, den Computer, der Oper, der Bleistift;
Dativ: den Stadtknechten, dem Publikum, der Pest, dem Denkmal, der Pestgrube, dem Wein, der Oper;
Akkusativ: einen Hubschrauber, diesen Musikanten, den Computer, seinen Dudelsack, den Bleistift.

4C2d

1. Chris; 2. Clara.

4C2e

1. Wen, Ihre Schulfreundin Clara, 4. Fall;
2. Was, Den ganzen Stoff, 4. Fall;
3. Wem, Clara, 3. Fall;
4. Was, Witzige Geschichten aus dem Krankenhaus, 4. Fall.

4C3a

Dativ: Ich helfe dir; Ich schade dir; Ich nähere mich dir; Ich danke dir; Ich nütze dir; Ich gefalle dir; Ich begegne dir; Ich laufe dir nach; Ich vertraue dir;
Akkusativ: Ich wecke dich; Ich suche dich; Ich besuche dich; Ich höre dich; Ich mag dich.

4C3b

1. Toll, schick sie mir bitte!;
2. Lies sie mir bitte vor!;
3. Nein, erzähl sie mir bitte!;
4. Ja, erklär es mir bitte!

4C4a

Das sieht man auf dem Bild: D<u>o</u>m; Kr<u>u</u>g; Fl<u>ö</u>te; B<u>o</u>den; H<u>o</u>se; H<u>u</u>t; T<u>o</u>r; Lok<u>a</u>l; Fris<u>u</u>r; Bl<u>u</u>se;
Das sieht man nicht auf dem Bild: Blume; Banane; Bär; Maschine; Rübe; Kabine; Reklame; Kamin; Schere.

4C4b

1. Malereibetrieb, malen, mahlen, ausmalen, mahlen, malt;
2. Aufnahme, Namenstag, namhafter, Namen, Ausnahme, Name, Einnahmen;
3. Goldmine, Kugelschreibermine, Mine, Miene, Minenarbeiter, Unschuldsmiene;
4. wiederholen, Widerstand, widersprechen, wiederkommen, wieder.

MODUL 5:

5A1a

gut – besser; gern – lieber; dunkel – dunkler; viel – mehr; alt – älter; teuer – teurer; kurz – kürzer; nah – näher; nass – nasser.

5A1b

1. älter – Schule; 2. besser – Schule; 3. lieber – Schulweg; 4. mehr – Schule; 5. dunkler – Schule; 6. teurer – Schule; 7. kürzer – Schulweg; 8. näher – Schulweg.

5A1c

Richtig: Julia muss eine schwierige Prüfung machen; Julia muss eventuell von zu Hause weg.

5A1d

1. schneller; 2. mehr; 3. früh; 4. kürzeren; 5. länger; 6. weniger; 7. einsamer; 8. erfolgreich.

5A2a

1. kleinste – E;
2. am langsamsten – D;
3. am schnellsten – C;
4. älteste – F;
5. am höchsten – G;
6. schwerste – B;
7. größte – H;
8. kleinste – A.

5A2b

Individuell zu beantworten.

5A2c

Individuell zu beantworten.

5A3a

Libellen, Schmetterlinge, Affen, Robben, Hummeln, Vogelspinnen; Fallschirmspringen, Karussellfahren, Paddeln, Wasserball, Wandteppich, Teetasse, Puppengeschirr; Kartoffeln, Butter, Marillenmarmelade, Pizza.

5A3b

immer nur, lang;
be·llen, hä·mmern, bi·tten, we·tten, i·rren, tre·ffen, unte·rrichten, fa·llen, sto·ppen, ja·mmern, begi·nnen, ho·ffen.

5A3c

bellen – das Gebell; hämmern – der Hammer; bitten – die Bitte; wetten – die Wette; irren – die Irrung; treffen – das Treffen; unterrichten – der Unterricht; fallen – der Fall; stoppen – der Stopp; jammern – das Gejammer; beginnen – der Beginn; hoffen – die Hoffnung.

5A3d

pfeifen, schwimmen, brennen, rennen, kenne, reiten.

5B1a

7, 6, 2, 8, 3, 5, 1, 4.

5B1b

Wandern: dem Wanderweg folgen, über Leitern steigen, über den Bach springen, den Gipfel besteigen;
Radfahren: die Radfähre nehmen, an der Kreuzung absteigen, auf dem Radweg bleiben.

5B1c

Individuell zu beantworten.

5B2a

Richtige Präpositionen: An, auf, über, Nach, mit, auf, unter, nach, über.

5B2b

1. Um ihre Brutplätze zu erreichen;
2. Um das Ei zu wärmen und auszubrüten.

5B2c

1. ihren, Dativ;
2. der, Dativ;
3. seine, Akkusativ;
4. der, Dativ;
5. dem, Dativ;
6. den, Akkusativ.

5B2d

an Land – Dativ; auf eine lange Wanderung – Akkusativ; über das antarktische Eis – Akkusativ; nach der Paarung – Dativ; mit dem Schnabel – Dativ; auf die Füße – Akkusativ; unter einer Bauchfalte – Dativ; nach ungefähr zwei Monaten – Dativ; über das Eis – Akkusativ.

5B3a

1. Amel beschreibt den Balkon und die Küche;
2. Der Balkon gefällt ihm besser.

5B3b

Hier ist es viel dunkler und ungemütlicher. Den rotweißen Liegestuhl am Balkon finde ich viel hübscher als die braunen Küchenmöbel. Außerdem ist es in der Küche viel unordentlicher als auf unserem Balkon.

5B3c

Hier ist deine eigene Kreativität gefragt.

5B4a

1. Da·ckel; 2. pflü·cken; 3. schi·cken; 4. Mü·tze; 5. pla·tzen;
se·tzen; spri·tzen; plö·tzlich; di·ck.

5B4b

1. putzen - Putztuch;
2. Lack - Lackschuhe;
3. Blick - Augenblick;
4. platzen - Platzregen;
5. hacken, Stock - Hackstock;
6. Rücken, Sack - Rucksack;
7. Schatz - Schatzgraben;
8. sitzen - Sitzplatz.

5B4c

setzen – er setzt – gesetzt; putzen – ihr putzt – geputzt; platzen – er platzt – geplatzt; nützen – es nützt – genützt.

5B4d

Holz, direkt, Schinken, Geschenk, Pflanze, stinken, Warze, Münze.

5C1a

Aussehen (A): braunes lockiges Haar, groß gewachsen, vorstehende Zähne, kräftiges Kinn, etwas rundlich, strahlend weiße Zähne, eine Narbe am rechten Unterarm, blasses Gesicht, schlank;
Verhalten (V): immer heiter oft nervös, neugierig, hat gute Manieren, nachdenklich.

5C1b

Individuell zu beantworten.

5C1c

1. immer heiter;
2. nachdenklich;
3. oft nervös;
4. neugierig;
5. hat gute Manieren.

5C2a

1. Geduldige Menschen sind gelassen und ruhig;
2. Zuverlässige Menschen lassen andere nicht im Stich;
3. Weise Menschen sind belesen und haben Antworten auf viele Fragen;
4. Leichtsinnige Menschen riskieren zu viel;
5. Verzweifelte Menschen sind ratlos und wissen nicht mehr ein noch aus.

5C2b

1. Fröhliche, 2. Jähzornige, 3. Traurige, 4. Ehrliche.

5C2c

Individuell zu beantworten.

5C3a

9, 8, 1, 7, 4, 5, 3, 2, 6.

5C3b

Hier ist deine eigene Kreativität gefragt.

5C4a

zuverlässig, nachlässig, ehrlich, geselliges, stolz.

5C4b

Hier ist deine eigene Kreativität gefragt.

5C5a

Fuß; Schloss; süß; weiß; Nuss; küssen; Hass; außen; grüßen.

5C5b

ß: Fuß, süß, weiß, außen, grüßen;
ss: pa·ssen, Schlo·ss, Nu·ss, kü·ssen, Ha·ss.

5C5c

1. beißen, gebi·ssen;
2. schießen, schieß, gescho·ssen;
3. verschließen, verschlo·ssen;
4. e·sse, i·sst, aß, aß.

5C5d

beißen: ein bisschen, bissig, Beißkorb, ein Bissen;
reißen: Riss, Reißverschluss, Ausreißer, gerissen;
passen: Reisepass, Gebirgspass, verpassen, aufpassen;
groß: Großmut, Größenwahn, vergrößern, Großmutter.

MODUL 6:

6A1a

1. Er verschrieb sich;
2. Er wollte den Fehler ausbessern, was man damals mit Spucke oder mit einem Brotklumpen machte;
3. Er griff nach dem Brotstück, erwischte aber stattdessen ein Stück Kautschuk;
4. Die Schrift verschwand sofort.

6A1b

Mögliche Antworten: einen Superkleber entwickeln; er schaffte es nicht; Sänger im städtischen Kirchenchor; dass die Lesezeichen aus seinen Notenbüchern fielen; den missglückten Klebstoff seines Kollegen zu benutzen; die erste Post-it-Haftnotiz.

6A2a

3. In meinem Zimmer; 5. Wegen der Unordnung; 6. Mit Schrauben und Dübeln; 1. an der Decke; 2. Dann; 4. dort.

6A2b

UEO: in meinem Zimmer, an der Decke, dort;
UEZ: dann;
UEA: mit Schrauben und Dübeln;
UEG: wegen der Unordnung.

6A2c

Jeden Tag – Wann? UEZ; zur Schule – Wohin? UEO; Letztes Wochenende – Wann? UEZ; mit Papas Werkzeug – Womit? UEA; auf Annas Rucksack – Wo? UEO; Jetzt – Wann? UEZ; zur Schule – Wohin? UEO; Aus Dankbarkeit – Warum? UEG; gestern – Wann? UEZ.

6A2d

Individuell zu beantworten.

6A3a

1. rau, gemasert; 2. Kunstfaser; 3. unbezahlbar; 4. erhält die Gesundheit, hilft im Haushalt.

6A3b

Gemeinsamkeiten: beide sind manchmal rund, beide sind weit verbreitet, fast jeder besitzt sie, normalerweise sind beide nicht besonders wertvoll, beide sind in vielen Geschäften erhältlich, beide werden manchmal jeden Tag benutzt.

6A3c

Hier ist deine eigene Kreativität gefragt.

6A4a

Wörter mit f: Fuß, Heft, Ferse, oft, fort, forschen;
Wörter mit v: voll, Vorsicht, Versteck, von, brav.

6A4b

Volksschule, vollständig, Viehhandel, Vogelscheuche, vielleicht.

6A4c

verabreden, ver/vornehmen, verzeihen, verachten, vorzeigen, verändern, ver/vorstellen, ver/vorsprechen, vorhaben.

6A4d

1. verabredet; 2. vorzeigen; 3. vorstellen; 4. versprechen.

6A4e

Villa; Violine; November; Vase; Vulkan; Vanille.

6B1a

schlecht – schön; 7 und 11 – 17 und 25; 14 – 15; 19 – 22.

6B1b

Hier ist deine eigene Kreativität gefragt.

6B1c

Individuell zu beantworten.

6B2a

1. Ticketpreis: 486 EUR, Gruppentarif: 350,00 EUR;
2. 36 EUR.

6B2b

Die erste Grafik.

6B2c

Hier ist deine eigene Kreativität gefragt.

6B3a

Beispiellösung:
1. Sie wird ins Wasser springen oder sie wird wieder hinuntersteigen.
2. Er wird weiterfahren oder er wird stehenbleiben.
3. Er wird ein Tor schießen oder er wird das Tor nicht treffen.
4. Sie wird das Beispiel lösen können oder sie wird es nicht lösen können.
5. Er wird hinunterspringen oder er wird um Hilfe rufen.
6. Sie wird schreien oder sie wird sie ruhig entfernen.

6B4a

Vergangenes: habe gelesen, musste lernen;
Zukünftiges: schreiben, werde arbeiten;
Gegenwärtiges: finde, ist.

6B5a

b/p: Gips, Herbst, Abfall;
d/t: Gewand, Land, Wicht;
g/k: stark, weg, Zwerg.

6B5b

d oder t: das Licht – Lichter, er lud mich ein – einladen, ein Feind – Feinde;
b oder p: du pumpst – pumpen, er gab – geben, ein Kalb – Kälber;
g oder k: er trug – tragen, sie wog – wiegen, stark – stärker.

6B5c

1. Ente, Ende;
2. Begleitung, Bekleidung;
3. tanken, dankt;
4. Rat, Rad;
5. backen, packen.

6C1a

8, 1, 4, 6, 3, 2: Basketball;
5 und 7: Tennis.

6C1b

1. mit dem ganzen Körper;
2. mit der Hand in ein Tor;
3. mit einem Schläger;
4. Tore zu schießen;
5. in ein Tor;
6. über die Hürden springen.

6C1c

Hier ist deine eigene Kreativität gefragt.

6C2a

nie, durch, können, müssen, außer, oft, aber, gehabt, gefährlich, möchtest, trotzdem, kennen, gelungen, gehabt, keinesfalls.

6C2b

Hier ist deine eigene Kreativität gefragt.

6C2c

1. maximal fünf;
2. die Leiter hinauf;
3. ans Schwanzende der Schlange zurückfahren;
4. drei Felder zurück;
5. das Zielfeld mit einer genauen Punktzahl erreicht.

6C2d

A – C) Individuell zu beantworten;
D) Morgen – UEZ;
E) nach Italien – UEO;
F) schnell – UEA;
G) den – Akkusativ;
H) meiner Schwester – Dativ, eine DVD – Akkusativ;
I) Ich – Subjekt, muss würfeln – Prädikat, unbedingt – Adjektiv, einen Sechser – Akkusativobjekt;
J) Fragesatz.

6C2e

Hier ist deine eigene Kreativität gefragt.

6C3a

das; dass.

6C3b

dass; das; das; das; Das; das; das; dass; das.

6C3c

1. das; 2. dass; 3. das; 4. dass; 5. dass.

6C3d

Hier ist deine eigene Kreativität gefragt.

rechtschreiben

3. Mit viel Fantasie erzählen **c**

4 Das Dehnungs-h (stummes h)

a Im folgenden Text wurden in einigen Wörtern Buchstaben vertauscht. Finde die Wörter und schreib sie richtig in die Tabelle. Warum ist der Text eine Fantasiegeschichte?

Mini-Fantasiegeschichte

Um zhen Urh abends zhälte ich meine Hünher. Ein Hanh fhelte.
Wo war er whol? Was war gescheehn?
Ein Hunh erzhälte mir, der Hahn sei ihr Shon. Er fhare warhscheinlich mit der Bhan zur Mhüle, um mher Futter zu sthelen. Er prhale schon lange damit.
Ich fhülte mich unwohl. An sprechende Hühner gehwönt man sich nicht.

ze	h	n

b Schreib zu den Wörtern in Aufgabe **a** möglichst viele verwandte oder zusammengesetzte Wörter.

zehn – der Zehnte, zehntausend, …
Uhr – die Uhrzeit, …

c Ergänze in der Tabelle die fehlenden Wörter.

Nomen	Verb	Adjektiv
Zahl		zahlreich
Nähe		
		abnehmbar
	bewohnen	
Ruhe		
		fehlerhaft

d Rätselfragen: Ergänze die fehlenden Wörter mit Dehnungs-h und finde die Lösungswörter.

1 Material wie Holz, __oh__ oder Öl: *Brennstoff*

2 Wenn sich Raubtiere einem Beutetier __äh__ __ __: _____

3 Wenn der Himmel aussieht, als ob er __ __üh__ würde: _____

4 Wenn jemand tut, was man ihm __ __ieh__ __: _____

5 Womit man für seine Mühe __ __oh__ wird: _____

6 Jemand, der kein gutes __ __eh__ __ hat: _____

Lob   ~~Brennstoff~~
anschleichen
Rüpel
Abendrot
Gehorsam

A Verschiedene Sagen

1 Moderne Sagen

a Versuche, die Antworten auf die beiden Fragen möglichst schnell im Text zu finden.

1 Wo spielt die Geschichte? _____
2 Welche Personen kommen in der Geschichte vor? _____

Unerhört!

Diese Geschichte ist tatsächlich passiert. Das weiß ich von meinem Vater, denn der hat sie von seinem besten Freund gehört, und dem wurde sie von einer guten Bekannten erzählt. Als diese Bekannte noch eine junge Frau war, besuchte sie jeden Sommer ihre Tante auf dem Land. Die Zugfahrten dorthin genoss die Frau immer sehr. Auf einer dieser Zugfahrten hatte die Frau sich eine Packung ihrer Lieblingsschokoladenkekse eingepackt. Der Sommer damals war besonders heiß und so machte sie sich auf die Suche nach einer kalten Limonade. Als sie jedoch wieder bei ihrem Abteil angelangt war, war dieses nicht mehr leer. Auf ihrem Platz saß jemand. Und dieser jemand aß: Schokoladenkekse. Ihre Schokoladenkekse! Die Frau beschloss, sich erst einmal nicht aufzuregen. Sie setzte sich dem fremden Mann gegenüber und griff ebenfalls zu den Keksen. Das schien den Herrn etwas zu verwundern, aber er blieb stumm und aß weiter. Abwechselnd griffen beide stur zu, bis die Packung leer war. Dann beschloss die Frau, sich einfach ein neues Abteil zu suchen – auf Streit hatte sie keine Lust. Als sie jedoch nach ihrem Koffer greifen wollte, war dieser nicht da. Sie trat auf den Gang, um ihn zu suchen. Sie erblickte ihn sofort im Abteil nebenan. Und auf dem kleinen Tisch davor: ihre volle Packung Schokoladenkekse.

b Lies die Geschichte nochmals und markiere die richtigen Antworten.

1 Der Erzähler hat die Geschichte
a ○ selbst erlebt.
b ○ im Internet gelesen.
c ○ von einer Bekannten gehört.
d ○ vom eigenen Vater gehört.

2 Die Geschichte handelt von einer Frau, die
a ○ zum ersten Mal auf Urlaub fährt.
b ○ mit einem Freund eine Zugreise unternimmt.
c ○ zu einer Verwandten aufs Land fährt.
d ○ ihr Gepäck verliert.

3 Die Frau verließ ihr Abteil, weil sie
a ○ allein sein wollte.
b ○ ein Getränk besorgen wollte.
c ○ die Landschaft langweilte.
d ○ Lust auf Süßes hatte.

4 Als die Frau zurückkam,
a ○ saß ein anderer Fahrgast auf ihrem Platz.
b ○ waren ihre Kekse verschwunden.
c ○ regte sie sich sehr auf.
d ○ setzte sie sich ans Fenster und schaute der vorbeiziehenden Landschaft zu.

5 Die Frau beschloss ruhig zu bleiben, obwohl
a ○ die Packung leer war.
b ○ sie ihren Koffer nicht fand.
c ○ der Mann ihre Kekse aß.
d ○ sie im falschen Abteil war.

6 Der Fremde aß die Kekse, weil
a ○ er sich im Abteil geirrt hatte.
b ○ er unhöflich war.
c ○ er selbst keine hatte.
d ○ sie ihm gehörten.

C Auch diese Geschichte ist eine moderne Sage. Lies sie und entscheide, wo die Textstellen am besten in die Geschichte passen. Schreib 1–6 zu den Sätzen.

Die Beule

Die Tochter einer Bekannten unseres Nachbarn machte sich vor einigen Jahren zu einer längeren Reise in ein exotisches Land auf. Sie lebte mehrere Monate am Meeresstrand in einer einfachen Hütte, die aus Stroh gebaut war. Sie unternahm auch mehrere Ausflüge in den Dschungel ① Als es Zeit war, wieder in die Heimat zurückzukehren, war sie zuerst sehr traurig, ② Sie nahm sich fest vor, möglichst bald wieder in ihr Traumland zurückzukehren. Kurz nach ihrer Ankunft in der Heimat bemerkte die junge Frau auf ihrem Kopf eine kleine Beule. Sie nahm die Sache zuerst nicht sehr ernst und dachte sich, dass sie sich beim Reisen vielleicht den Kopf angestoßen hatte, und die Beule bald wieder vergehen würde. ③ Die Beule wurde größer und größer, und rundherum war die Haut stark entzündet. Auf Anraten eines Bekannten suchte die Frau einen Arzt auf, ④ Er untersuchte den Kopf der Frau genau und verschrieb ihr eine Salbe, die sie jeden Tag mehrmals auftragen sollte.
Am nächsten Morgen, als sich die Frau frisierte, streifte sie mit dem Kamm versehentlich über die Beule ⑤ Es kamen tausende kleine Fliegen aus der Beule hervor. ⑥ Sie kehrte nie mehr in das Land ihrer Träume zurück!

- (3) Aber da hatte sie sich getäuscht.
- (6) Die Frau erlitt einen Schock.
- (5) und ritzte diese auf.
- (2) weil es in diesem Land noch so viel zu entdecken gab.
- (1) und war fasziniert von der Tier- und Pflanzenwelt.
- (4) der sich gut mit Tropenkrankheiten auskannte.

d Lies die Sätze. Wozu passen sie? Zu alten Sagen, zu modernen Sagen oder zu beiden? Wähl aus.

	alte Sagen	moderne Sagen
Es kommen darin Fantasiefiguren wie Riesen, Kobolde und Ungeheuer vor.	X	
Sie erklären Naturphänomene (wie zum Beispiel Berge, Schluchten, Hochwasser usw.) auf sagenhafte Weise.		
Sie wurden und werden immer wieder erzählt und dabei häufig verändert.		
Sie erregen bei den Zuhörern oft Ekelgefühle oder Schrecken.		
Sie sind sehr unglaubwürdig, obwohl der Erzähler behauptet, sie wären wahr.		
Der Erzähler behauptet oft, dass er die Geschichte von jemandem gehört hat, der sie wiederum von jemand anderem erzählt bekommen hat, sie sei aber ganz sicher wahr.		

2 Das Wichtigste zusammenhängend wiedergeben

a Lies diesen Text zu einem ungeklärten Phänomen der Gegenwart. Finde eine gut passende Überschrift und schreib sie über den Text.

_____

Kornkreise sind ungeklärte Erscheinungen. Sie sind schon in vielen Ländern der Erde beobachtet worden. Dabei wurden in Getreidefeldern kreisförmige oder andere geometrische Muster gefunden, die dadurch entstanden, dass die Kornhalme in einer regelmäßigen Weise abgeschnitten worden waren. Kornkreise sind oft nur aus der Luft erkennbar. Eines der größten und schönsten Kornkreisgebilde tauchte vor einigen Jahren in einem Weizenfeld in Milk Hill in England auf. Es zeigte eine Reihe größerer und kleinerer Kreise, die äußerst präzise angeordnet waren. Warum sind Kornkreise sagenhaft? Weil niemand wirklich weiß, wie sie entstehen. Die insgesamt ca. 400 Kreise von Milk Hill erstrecken sich auf einer Fläche von über einem Quadratkilometer. Der größte Kreis hat aber einen Durchmesser von 21 Metern! Es ist nicht klar, wie jemand ein solches „Kunstwerk" unbemerkt anlegen kann. Ein Forscher errechnete, dass man alle dreißig Sekunden einen Kreis machen müsste, wenn man ein solches Muster während einer einzigen Nacht in das Feld mähen möchte. Ist es dann nicht verständlich, dass sich zur Erklärung der Kornkreise allerhand sagenhafte Geschichten gebildet haben?

b Such im Text in Aufgabe **a** die Antworten zu den Fragen. Markiere die Stellen im Text.

1 Wo wurden schon Kornkreise beobachtet?
2 Wodurch entstehen Kornkreise?
3 Warum sind die Kornkreise von Milk Hill berühmt?
4 Warum ist es unwahrscheinlich, dass die Kornkreise von Milk Hill während einer Nacht geschaffen wurden?

c Mario hat versucht, den Text kurz zusammenzufassen. Warum ist ihm das nicht sehr gut gelungen? Beantworte die Fragen.

1 Welche wichtigen Punkte fehlen? _____
_____
2 Was stimmt überhaupt nicht? _____
_____
3 Welche unwichtigen Details werden erwähnt? _____
_____

> *Kornkreise kann man nie von der Erde aus sehen. Sie sind auch schon in England aufgetaucht. Auch in Milk Hill wurden Kornkreise gefunden. Sie sind sagenhaft, weil sie sehr schnell entstehen, oft während einer Nacht. In vielen Ländern der Welt kann man Geschichten zu ihrer Entstehung hören.* Mario

d Du kannst das doch besser, oder? Fass den Text über die Kornkreise zusammen. Schreib ungefähr 50 Wörter in dein Heft.

rechtschreiben

4. War das wirklich so? **A**

3 Doppelvokale

a Im folgenden Text wurden in einigen Wörtern Buchstaben vertauscht.
Finde die Wörter und schreib sie richtig in die Tabelle.

Die folgende Geschichte trug sich vor einigen Jahren zu. Sie ist ganz sicher wahr, weil ich sie schon ein apar[1] Mal gehört habe. Ein Parkwächter in einem Nationalpark in Kanada, in dem auch ein riesiger eeS[2] liegt, sah aus der Ferne von seinem toBo[3] aus einem rwailiZnlspag[4] beim Fischen zu. Er war erstaunt zu sehen, dass die beiden einen Fisch nach dem anderen an der Leine hatten. Er ruderte näher und rief den beiden zu: „Die Fische sind aber ziemlich beißfreudig heute!" „Nicht nur die Fische, auch die Würmer!", antwortete der Zwilling mit dem längeren arHa[5]. Dem Parkwächter kam diese Antwort sehr komisch vor. Er band seinen Kahn fest und ging zu der Stelle, wo die beiden Buben standen. „Zeigt mir mal eure Köder", sagte er. Der Zwilling mit der kürzeren Frisur bückte sich und drehte einen größeren Stein um. In einem eeBt[6] aus Moso[7] sah er ein Nest, und es schien voll von ziemlich großen „Würmern" zu sein. Der Mann war sich aber nicht sicher. „alAe[8] können das nicht sein. Würmer auch nicht!", dachte er sich. Dann sah er näher hin und erschrak fürchterlich. Im Behälter lag eine junge Klapperschlange. Er griff zum Funkgerät. Wenig später landete ein Helikopter mit einem Notarzt, der die Zwillinge ins Spital brachte. Sie waren nur durch das schnelle Eingreifen des Parkwächters gerettet worden.

1.	P	aa	r

b Warum ist die Geschichte eine moderne Sage?

_____

_____

c Schreib zu den Wörtern möglichst viele verwandte oder zusammengesetzte Wörter.

1 Waage *die Waagschale, die Körperfettwaage, ...*
2 Saal _____
3 Staat _____
4 Idee _____
5 Beet _____
6 Zoo _____
7 Shampoo _____

ZIEL.Deutsch 1 Übungsbuch

B Heldentaten

1 Präteritum und Perfekt

a Lies die Seite aus einem Jugendmagazin.

ZIVILCOURAGE ZEIGEN – so kann's klappen!

Hand aufs Herz! Du warst doch auch schon mal in einer Situation, in der du anders reagieren wolltest, als du es dann tatsächlich tatest, oder? Wenn du zum Beispiel beobachtet hast, wie jemand von einem Busfahrer unfreundlich behandelt wurde, wie jemand mutwillig etwas zerstörte oder seinen Abfall auf die Straße warf statt in die nächste Mülltonne ... Vielleicht wolltest du dem „Übeltäter" zumindest deine Meinung sagen und hast dann doch weggeschaut. Zivilcourage bedeutet nicht nur NICHT wegzusehen, sondern bewusst zu handeln. Zivilcourage kann man lernen. Wir haben zwei Beispiele ausgewählt, die zeigen, wie's klappen kann.

Mutig sein! ZIVILCOURAGE ZEIGEN!

>> Timo und Philipp, beide 13, wurden vorigen Dienstag Zeugen eines Streits zwischen einem Mann und einer Frau. Der Mann warf das Handy der Frau auf den Boden. Sie versuchte zu fliehen, aber der Mann hielt sie fest und schlug auf sie ein.
Als die Schüler das sahen, wurden sie aktiv. Durch Zurufe aus sicherer Distanz machten sie den Mann auf sich aufmerksam. Immer wieder brüllten sie den Angreifer an, er solle die Frau in Ruhe lassen. Dann riefen sie die Polizei. Die meinte später, dass nur durch das Einschreiten der beiden Jugendlichen Schlimmeres verhindert werden konnte. Wir sagen: **„KLUG UND MUTIG GEHANDELT!"**

>> Mia M., 12, stand an der Kassa des Supermarktes, als sie merkte, wie die Kassierin eine alte Frau äußerst unfreundlich behandelte. Die Dame hatte Probleme damit, ihrer Geldtasche die richtigen Münzen zu entnehmen. Mehrere Kunden schauten betreten weg. Mia M. ging zur alten Dame vor und fragte freundlich: „Darf ich Ihnen helfen?" Zur Kassierin sagte sie: „Wenn Sie älter sind, werden Sie vielleicht einmal auf Hilfe angewiesen sein!" Der Kassierin war die Situation peinlich, die alte Dame war dankbar, und die Umstehenden lobten Mias Einschreiten. Wir sagen: **„GUT GEMACHT!"**

– Teenieversum 25

b Such zu den Infinitiven die Verben im Präteritum in den Texten. Markiere sie. Schreib sie mit den passenden Personalformen in die Tabelle.

zerstören	*er zerstörte*	schlagen		behandeln	
werfen		brüllen		loben	
wollen		meinen		machen	
versuchen		stehen		rufen	
sehen		merken		fragen	

4. War das wirklich so? B

c Setze nun die Verben ins Perfekt und schreib sie hier zusammen mit den Pronomen auf.

zerstören	er hat zerstört	schlagen		behandeln	
werfen		brüllen		loben	
wollen		meinen		machen	
versuchen		stehen		rufen	
sehen		merken		fragen	

d Lies die beiden Dialoge über die Vorfälle.

1 Ergänze die passenden Verben im Perfekt.

Lukas: Was ist genau geschehen?

Timo: Wir ____1____ einen Streit zwischen einem Mann und einer Frau ____2____.

Philipp: Der Mann ____3____ das Handy der Frau zu Boden ____4____.

Sie ____5____ zu fliehen ____6____, aber der Mann ____7____ die Frau ____8____ und ____9____.

Timo: Wir sind in sicherer Entfernung geblieben. Wir ____10____ den Mann auf uns aufmerksam ____11____. Wir ____12____ ____13____, dass er die Frau in Ruhe lassen soll. Und dann ____14____ wir die Polizei ____15____.

2 Ergänze die passenden Verben aus dem Kasten im Perfekt.

behandeln	beobachten	brauchen	(sich) verhalten	kritisieren
kommen	~~passieren~~			

Freundin: Was ist denn mit dir los? Du kommst mir heute so nervös vor.

Kassierin: Ich habe heute viel Stress bei der Arbeit gehabt. Und mir _ist_ etwas Peinliches _passiert_.

Freundin: Wirklich? Erzähl doch mal.

Kassierin: Es geht um eine alte Frau. Ich _____ sie sehr unfreundlich _____. Ich _____ sie _____, weil sie so lange _____ _____, um ihr Geld herauszuholen. Und dann _____ dieses Mädchen _____. Sie _____ meine Unfreundlichkeit _____. Ich _____ mich wirklich falsch _____!

Ich glaub, ich muss mich bei der Frau entschuldigen.

Freundin: Gute Idee.

e Mia ist soeben nach Hause gekommen. Sie erzählt ihrer Mama von dem Vorfall. Schreib das Gespräch in dein Heft. Verwende das Perfekt.

ZIEL.Deutsch 1 Übungsbuch

2 Personalpronomen

a Ergänze die Tabelle. Trag die Personalpronomen in ihren richtigen Formen ein.

ihr	sie	ihn	euch	uns	dich

Nominativ	ich	du	er	sie	es	wir	ihr	sie
Dativ	mir	dir	ihm		ihm		euch	ihnen
Akkusativ	mich			sie	es	uns		

b In diesen Ausschnitten aus einem Jugendmagazin fehlen einige Pronomen. Setze sie ein und streich sie jeweils in der Tabelle oben weg.

>> Timo und Philipp

Mutig sein! ZIVILCOURAGE ZEIGEN!

1 Die Jugendlichen verhielten sich vorbildlich. _Sie_¹ schauten nicht weg, sondern halfen durch ihr mutiges Einschreiten. Die Polizei lobte _____² für ihr Verhalten. Die Frau dankte _____³ herzlich.

2 Der Polizeikommandant meinte zu Timo und Philipp: „Ich gratuliere _____⁴. _____⁵ habt wirklich Mut bewiesen. Wir werden _____⁶ für die Verleihung des Preises ‚Zivilcourage im Alltag' vorschlagen."

3 Am Abend erzählte Timo seinen Eltern: „Stellt euch vor, _____⁷ bekommen vielleicht einen Ehrenpreis. Ihr könnt _____⁸ dann auch im Fernsehen sehen!"

4 Philipp meinte zu seiner Schwester: „Es wird auch eine Feier geben. Zu der werde ich _____⁹ auch einladen. _____¹⁰ kannst _____¹¹ gar nicht vorstellen, wie aufregend das alles ist."

5 Die Frau vertraute einem Reporter an, dass _____¹² sich gefürchtet habe. Der Mann habe _____¹³ sehr wehgetan. Sie sei froh darüber, dass die Jugendlichen _____¹⁴ gerettet hätten.

6 Philipps Schwester meinte: „_____¹⁵ bin wirklich stolz auf dich! Ich bin _____¹⁶ nicht sicher, ob ich _____¹⁷ das auch getraut hätte."

7 Die Polizei erklärte, dass der Mann nach der Tat geflüchtet sei. Die Buben hätten mit ihrem Handy aber ein Foto von _____¹⁸ gemacht, und man sei zuversichtlich, dass man _____¹⁹ bald festnehmen würde. _____²⁰ werde sicher bald gefunden werden.

8 Das Handy der Frau könnte zur Aufklärung beitragen. Die Polizei untersuchte _____²¹ sorgfältig. _____²² war zwar beschädigt worden, aber es wurden Fingerabdrücke auf _____²³ gefunden.

46   ZIEL.Deutsch 1 Übungsbuch

rechtschreiben

4. War das wirklich so? **B**

3 Langes i (-ie)

a Lies die Situationen und ergänze die Wörter mit langem i. Vermutlich stört dich das Verhalten der Personen. Wie viel Zivilcourage erfordert es, etwas dagegen zu tun?
Verteile Sterne (1 = wenig Zivilcourage bis 5 = viel Zivilcourage).

1 n__drigen D__sch__ßen d__fl__hen W__se s__hst   ☆☆☆☆☆

Im Park _____¹ du zwei Buben. Eine Entenmutter schwimmt mit ihren Jungen im _____².

Wasser. Die Buben beginnen, mit einer Steinschleuder auf die Enten zu _____³.

_____⁴ Entenmutter kann nicht _____⁵.

2 marsch__rt Br__f D__nstag v__l   ☆☆☆☆☆

Am _____⁶ ist am Postamt _____⁷ los. Du stellst dich an, da

_____⁸ jemand an dir vorbei und geht zum Schalter, um einen _____⁹ aufzugeben.

3 w__ Pap__rgeld s__ verl__rt Br__ftasche s__hst s__   ☆☆☆☆☆

Du _____¹⁰, _____¹¹ jemand in der Straßenbahn seine _____¹²

_____¹³. Ein Mann hebt _____¹⁴ auf, zählt die Münzen und das _____¹⁵

und steckt _____¹⁶ in seine Einkaufstasche.

b Finde die Verben auf *-ieren* und schreib sie richtig.

1 zpsaieren   *spazieren*   4 tulgraieren   _____
2 udstieren   _____   5 forinmieren   _____
3 inrenuier   _____   6 radausieren   _____

c Ergänze die Verben aus Aufgabe **b** in der richtigen Form.

1 Die Katze ist mit schmutzigen Pfoten über mein Aquarellbild gelaufen, es ist vollständig

_____.

2 Bitte _____ Sie uns, wenn das Videospiel wieder erhältlich ist.

3 Ich schreibe mit Bleistift, dann kann ich es wieder _____, wenn

die Rechnung falsch ist.

4 Ich will nicht _____ gehen, ich will Fußball spielen.

d Finde in der Wörterschlange noch zwölf Verben.
Schreib dann jeweils den Infinitiv und das Präteritum in dein Heft.

FALLENFLOHVERZEIHENFRORLASSENHALTENSTEIGENVERLORSCHLAFENSCHLOSSSCHOBROCHLAUFEN

C Eine gerechte Strafe?

1 Satzglieder bestimmen – Objekte

a Lies die Zusammenfassung und bring die Textabschnitte in die richtige Reihenfolge.

Der liebe Augustin

Vor mehr als 300 Jahren suchte die Pest die Stadt Wien heim. In der Stadt gab es einen Musikanten mit Namen Augustin. Er spielte den Dudelsack. Den Menschen gefielen seine Lieder. Sie hörten ihm gerne zu. Für kurze Zeit vergaßen sie dabei ihre Sorgen.

○ Augustin lebte danach noch viele Jahre und schenkte den Wienern noch viele Lieder, darunter auch das bekannte Lied vom lieben Augustin. Hunderte Jahre später bauten die Wiener ihm ein Denkmal, das man noch heute in St. Ulrich besichtigen kann.

○ Am Morgen fanden ihn die Stadtknechte, die die Pesttoten von den Straßen einsammelten. Sie hielten Augustin für tot und warfen ihn in die Pestgrube vor dem Stadttor.

○ Die Stadtknechte staunten nicht schlecht, als sie die Musik hörten. Schnell halfen sie Augustin aus der Grube und er dankte ihnen überschwänglich.

○ Einige Stunden später erwachte der Musikant. Er sah die Toten neben sich und erschrak. Doch er besann sich schnell und begann mitten unter den Leichen in der Pestgrube auf seinem Dudelsack zu spielen.

① Manchmal luden sie Augustin ein und bezahlten ihm den einen oder anderen Becher Wein. Eines Tages hatte Augustin so viel Wein getrunken, dass er den Weg nach Hause nicht fand. Auf der Straße übermannte ihn der Schlaf. Er setzte sich an den Straßenrand und schlief ein.

b Lies den Text noch einmal, such die entsprechenden Sätze im Text und ersetze die Pronomen mit den richtigen Nomen oder Eigennamen.

1 Sie gefielen ihnen. *Die Lieder gefielen den Menschen.*
   (S) (P)   (O)

2 Sie hörten ihm zu. *Die Menschen ...*

3 Sie luden ihn ein. _____

4 Sie bezahlten ihn ihm. _____

5 Sie halfen ihm. _____

6 Er dankte ihnen. _____

7 Er schenkte sie ihnen. _____

c Bestimme in den Sätzen 1 bis 7 die Satzglieder. (S = Subjekt, P = Prädikat, O = Objekt).

2 Objekte im Dativ und im Akkusativ

a David erzählt die Geschichte vom lieben Augustin, aber du verstehst nicht genau, was er meint. Frag nach den unterstrichenen Satzgliedern und ergänze dann die richtige Antwort aus dem Kasten.

den Wienern   die Sorgen   ~~seine Lieder~~   Augustin   den Stadtknechten   die Pestleichen

1 … Der liebe Augustin hat sie ihnen vorgesungen …

   Was hat der liebe Augustin ihnen vorgesungen? → seine Lieder

   Wem hat der liebe Augustin Lieder …

2 … Die Menschen haben sie ganz vergessen …

3 … Das Publikum hat ihm einen Becher Wein spendiert …

4 … Dann sah Augustin sie neben sich …

5 … Augustin dankte ihnen überschwänglich …

b Dativ- oder Akkusativobjekte?
Bestimme die unterstrichenen Objekte in Aufgabe **a**, indem du *Dativ* oder *Akkusativ* über die Lösungswörter schreibst.

                  Akkusativ
Was hat der liebe Augustin ihnen vorgesungen? → seine Lieder

c Welche vier Nomen kommen in der Geschichte vom lieben Augustin nicht vor?
Markiere diese Nomen. Schreib alle in die Tabelle.

- [X] einen Hubschrauber
- ( ) den Computer
- ( ) der Pest
- ( ) dem Wein
- ( ) den Stadtknechten
- ( ) seinen Dudelsack
- ( ) dem Denkmal
- ( ) der Oper
- ( ) diesen Musikanten
- ( ) dem Publikum
- ( ) der Pestgrube
- ( ) den Bleistift

Dativ	Akkusativ
	einen Hubschrauber

d Was haben Clara und Chris mit dem lieben Augustin gemeinsam?
Lies die Texte und schreib dann die Namen zu den Sätzen.

> Hallo Gerti,
> Chris hat meiner Schwester schon wieder ein Lied geschenkt. Er schreibt ihr jetzt fast jede Woche eines. Meine große Schwester findet es wie immer wunderbar, ich finde es scheußlich. Meine Schwester spielt die selbstgebrannte CD jetzt auf ihrer Anlage rauf und runter – furchtbar!
> Nadja

> Hallo Verena,
> ich bewundere Clara wirklich. Sie war jetzt sechs Wochen krank. Sie muss den ganzen Stoff nachlernen. Aber sie lässt den Kopf nicht hängen. Gestern habe ich ihr die Mathematikübungen erklärt. Ich hätte gleich die Panik bekommen, bei dem Stoff ☺! Sie ist aber ganz cool geblieben. Sie hat mir sogar noch ein paar witzige Geschichten aus dem Krankenhaus erzählt.
> Jasmin

1 Augustin macht Musik.

2 Augustin verliert nicht den Mut.

e *Wen*, *was* oder *wem*? Lies die Texte noch einmal, ergänze die Fragen mit dem richtigen Fragewort und schreib die richtigen Antworten und den richtigen Fall dazu.

1 __Wen__ bewundert Jasmin? _Ihre Schulfreundin Clara. 4. Fall_

2 _____ muss Jasmin nachlernen? _____

3 _____ hat Jasmin die Mathematikübungen erklärt? _____

4 _____ hat Clara Jasmin erzählt? _____

3 Verben im Dativ und im Akkusativ

a *Dir* oder *dich*? Schreib Ich-Sätze mit den Verben im Kasten und ordne zu.
Finde vier neue Verben und schreib weitere Sätze mit *dir* oder *dich*.

| helfen   wecken   schaden   sich nähern |
| suchen   besuchen   danken   hören |
| gefallen   nachlaufen |
| nützen   begegnen   vertrauen   mögen |

Dativ	Akkusativ
Ich helfe dir.	Ich wecke dich.

b Verben im Dativ und im Akkusativ:
Schreib Bitten oder Aufforderungen wie im Beispiel in dein Heft.

1 *(schicken)* + Ich habe Fotos von deiner Geburtstagsparty auf meinem Handy.
Toll, schick sie mir bitte!

2 *(vorlesen)* + In dem Buch habe ich eine gute Sage gefunden. *Lies ...*

3 *(erzählen)* + Kennst du schon die Geschichte mit Egon?
Nein, ...

4 *(erklären)* + Willst du wissen, wie man das Rechenbeispiel löst? *Ja, ...*

rechtschreiben

4. War das wirklich so? **c**

4 Lang gesprochene Vokale ohne Längenzeichen

a Was kannst du auf dem Bild sehen, was ist auf dem Bild nicht dargestellt? Streich den falschen Vokal durch und schreib die Wörter richtig in die Tabelle. Markiere dann die langen Vokale.

B[i]är   Kam[u]in   Bl[o]use   Bl[ua]me   Sche[ü]re
D[i]om   Ban[e]ane   B[e]oden   Masch[ui]ne
Kr[ö]ug   Fl[aö]te   Lok[e]al   Frisa[u]r   To[ö]r
H[uo]se   Rekl[i]ame   Kab[ei]ne
R[öü]be   H[ua]t

Das sieht man auf dem Bild:	Das sieht man nicht auf dem Bild:
D(o)m,	Ban(a)ne,

b Lies die Erklärung und ergänze die richtigen Buchstaben.

> **Lang gesprochene Vokale ohne Längenzeichen**
>
> Manchmal spricht man Wörter ganz gleich aus, man schreibt sie aber anders. Sie haben dann auch eine andere Bedeutung.

1 **m**a**len** (≈ Farbe auftragen) oder **m**ah**len** (≈ fein zerkleinern):

  a oder ah: einen M __a__¹ lereibetrieb haben, ein Porträt m ___² len, Mehl m ___³ len, das Zimmer ausm ___⁴ len, den Kaffee fein m ___⁵ len, Wer zuerst kommt, m ___⁶ lt zuerst!

2 **n**ah**m** (Mitvergangenheit = Präteritum von nehmen) oder **N**a**me**

  a oder ah: eine gute Aufn ___⁷ me, mein N ___⁸ menstag, ein n ___⁹ mhafter Schauspieler, etwas beim N ___¹⁰ men nennen, eine Ausn ___¹¹ me machen, mein N ___¹² me ist Hase, über keine Einn ___¹³ men verfügen

3 **M**i**ne** (≈ Teil eines Bleistifts, Kugelschreibers …, Bergwerk) oder **M**ie**ne** (≈ Gesichtsausdruck)

  i oder ie: eine Goldm ___¹⁴ ne besitzen, eine Kugelschreiberm ___¹⁵ ne austauschen, eine M ___¹⁶ ne stilllegen, etwas mit versteinerter M ___¹⁷ ne hören, M ___¹⁸ nenarbeiter sein, eine Unschuldsm ___¹⁹ ne aufsetzen

4 **w**ie**der** (≈ noch einmal) oder **w**i**der** (≈ gegen)

  i oder ie: die Schularbeit w ___²⁰ derholen, W ___²¹ derstand leisten, dem Vater w ___²² dersprechen, im nächsten Jahr w ___²³ derkommen, hin und w ___²⁴ der ein Buch lesen

A Der Ort ist ganz besonders …

1 Adjektive steigern – Komparativ

a Schreib den Komparativ der Adjektive auf.

Positiv	Komparativ	Positiv	Komparativ	Positiv	Komparativ
gut	besser	gern		dunkel	
viel		alt		teuer	
kurz		nah		nass	

b Die Schule und dein Schulweg: Ergänze die Sätze mit den richtigen Adjektiven aus Aufgabe **a** und markiere: Welche Sätze passen zum Thema „Schulweg", welche Sätze passen zum Thema „Schule"?

Schulweg Schule

1 Unser Mathematiklehrer ist _____ als unsere Deutschlehrerin. Er geht nächstes Jahr in Pension.

2 Maria ist in Mathematik _____ als Ines. Ines hat ein Befriedigend, Maria einen Einser.

3 Ich fahre _____ mit dem Fahrrad zur Schule als mit dem Bus. Da brauche ich nur zehn Minuten.

4 In unserer Klasse sind 19 Mädchen und sechs Buben. Es gibt also _____ Mädchen als Buben.

5 Unser Klassenzimmer ist viel _____ als das Klassenzimmer der 1B. Im Winter müssen wir oft das Licht einschalten.

6 Ich kaufe meine Jause lieber am Schulbuffet als im Supermarkt, obwohl sie dort ein bisschen _____ ist.

7 Caros Schulweg ist _____ als meiner. Sie wohnt gleich neben der Schule.

8 Robert wohnt viel _____ an der Schule als ich. Er kommt trotzdem meist zu spät.

c Lies zuerst den Text auf der nächsten Seite. Welche Herausforderungen kommen auf Julia zu? Was ist richtig? Wähl aus.

○ Julia fährt ein schwieriges Rennen.
○ Julia muss eine schwierige Prüfung machen.
○ Julia muss eventuell von zu Hause weg.

Eine besondere Schule

Julia ist 13 Jahre alt und wohnt auf einem Bauernhof in Tirol.
Julia hat einen Traum. Sie möchte auf das Skigymnasium in Stams gehen und Skirennläuferin werden. Seit ihrem vierten Lebensjahr fährt sie Ski, mit sechs Jahren hat sie zum ersten Mal bei einem Rennen mitgemacht. Seit damals fährt sie allen Kindern im Dorf davon. Ihre Eltern sind mit Julia nach Stams gefahren, um die Schule zu besichtigen. Julia war begeistert. Große Stars wie Marlies Schild, Nicole Hosp, Benjamin Raich oder Mario Matt sind ans Skigymnasium Stams gegangen, und fast alle bekannten Skisportlerinnen und -sportler waren dort. Julia möchte unbedingt auch dorthin. Sie trainiert jetzt härter als früher, denn sie weiß, die Aufnahmeprüfung ist schwierig. Sie muss noch an ihrer Technik arbeiten, denn vor allem im Slalom möchte sie schneller werden. Wenn sie an die Prüfung denkt, wird sie immer ein bisschen nervös, und auch andere Dinge machen ihr Kopfzerbrechen. In Stams wird Julia zum ersten Mal so richtig von zu Hause weg sein, denn sie wird im Internat leben müssen. Der Tagesablauf an der Schule ist streng durchorganisiert. Um 6:30 geht es los. Der Unterricht dauert bis 13:00 Uhr. Jeden Nachmittag wird trainiert, und am Abend müssen die Hausaufgaben gemacht werden. Außerdem wird sie auch am Samstag Unterricht haben, und das Schuljahr dauert zwei Wochen länger als an anderen Schulen. An das frühe Aufstehen ist Julia gewöhnt. Sie hat zu Hause einen weiten Schulweg und ist schon um halb sechs auf den Beinen. Aber sie hat noch nie so intensiv trainiert. Wird sie das schaffen? Wird sie sich an den strengen Schulalltag gewöhnen können? Zu Hause hat sie relativ viel Freizeit und kann dann machen, was sie will. Doch Julia will nicht grübeln, sondern sich einfach auf die Herausforderung freuen. Sie will ihr Bestes geben, und sehen, was sie schaffen kann und was nicht. So machen es offensichtlich auch die Stars im Skizirkus, das hat sie aus dem Fernsehen gelernt. In den Interviews heißt es doch immer: „Ich lass mich nicht nervös machen, ich werde mein Bestes geben und dann sehen, was dabei herauskommt."

d Vergleiche Julias Leben zu Hause mit der Situation auf dem Skigymnasium. Wähl die richtigen Adjektive und ergänze die Sätze mit dem Positiv oder Komparativ des Adjektivs.

| wenig | einsam | schnell | kurz | früh | erfolgreich | viel | lang |

1 Bei der Aufnahmeprüfung muss Julia _____ Ski fahren als jetzt.

2 In den Monaten bis zur Aufnahmeprüfung will sie _____ trainieren als bisher.

3 Sie muss in Stams fast genauso _____ aufstehen wie zu Hause.

4 In Stams hat sie einen _____ Schulweg als zu Hause.

5 Das Schuljahr dauert in Stams _____ als an ihrer Schule.

6 In Stams hat sie _____ Freizeit als zu Hause.

7 Julia wird anfangs in Stams wohl _____ sein als zu Hause.

8 Julia möchte später so _____ wie ihre großen Vorbilder werden.

2 Adjektive steigern – Superlativ

a „Tierische Rekorde": Ergänze die Fragen mit dem Superlativ und ordne die richtige Antwort zu.

1. (klein) Wie heißt das _____ Säugetier? ○
2. (langsam) Welches Tier bewegt sich _____ fort? ○
3. (schnell) Welcher Vogel fliegt _____ ? ○
4. (alt) Welches Tier ist das _____ der Welt? ○
5. (hoch) Welches Tier kann _____ springen? ○
6. (schwer) Welches Tier ist das _____ Landlebewesen? ○
7. (groß) Welches ist das _____ Tier an Land? ○
8. (klein) Welcher Vogel baut das _____ Nest? ○

A Das Nest eines Kolibris ist nicht größer als ein Fingerhut.

B Ein Elefant kann bis zu 12 Tonnen schwer werden.

C Der Wanderfalke erreicht im Sturzflug Geschwindigkeiten von mehr als 180 km/h.

D Das Faultier legt am Boden maximal 120 Meter pro Stunde zurück.

E Die Hummelfledermaus ist ein Säugetier und wird nur 30 mm groß.

F Der Riesenschwamm ist ein Tier und wird mehr als 10.000 Jahre alt.

G Flöhe können 150-mal so hoch wie ihre Körpergröße springen. Wenn du so hoch springen könntest, könntest du locker über den Kirchturm in deiner Stadt springen.

H Giraffen haben den totalen Überblick. Sie werden bis zu sechs Meter groß.

b Finde zehn weitere „Rekordfragen" im Superlativ.
Schreib jeweils die Frage und Antwort auf.

Geografie: die größte Stadt, der höchste Berg, …
Technik: das schnellste Motorrad, der kleinste Computer, …
Kunst und Kultur: der erfolgreichste Film, das beste Lied, …
Persönliches: der weiteste Schulweg, …

c Macht in der Klasse ein Quiz mit euren Fragen.

rechtschreiben

5. Orte, Wege und Personen beschreiben **A**

3 Doppelkonsonanten

a Samira hat aufgeschrieben, was sie besonders mag. Ergänze die Doppelkonsonanten.

| bb | dd | ff | ff | ~~ll~~ | ll | ll | ll | mm |
| nn | pp | pp | rr | ss | ss | tt | tt | zz |

Das mag ich am liebsten ...
Tiere:
Libe**ll**en¹,
Schme___²erlinge, A___³en,
Ro___⁴en, Hu___⁵eln,
Vogelspi___⁶en
Freizeitbeschäftigungen:
Fa___⁷schirmspringen,
Karusse___⁸fahren,
Pa___⁹eln, Wa___¹⁰erba___¹¹
Lieblingsgegenstände:
mein Wandte___¹²ich,
meine Teeta___¹³e,
mein Pu___¹⁴engeschi___¹⁵
Essen:
Karto___¹⁶eln mit Bu___¹⁷er,
Mari___¹⁸enmarmelade,
Pi___¹⁹a

b Ergänze die Regel, finde die Verben und markiere den kurzen Vokal vor dem Doppelkonsonanten.

Doppelkonsonanten

Doppelkonsonanten stehen *immer nur / nie* nach einem kurzen Vokal.
Wenn du einen Vokal *kurz / lang* aussprichst, darfst du danach nie einen Doppelkonsonanten schreiben.
Vergleiche: *der Schal – der Schall*

| ~~ll~~ | ll | mm | ff | pp | nn | rr | rr | tt | mm | tt | ff |

be **ll** en   we ___ en   unte ___ ichten   ja ___ ern

hä ___ ern   i ___ en   fa ___ en   begi ___ en

bi ___ en   tre ___ en   sto ___ en   ho ___ en

c Schreib zu den Verben aus Aufgabe **b** passende Nomen auf.

bellen – das Gebell, ...

d Kannst du die Verben finden?

Töne mit den Lippen erzeugen: *fenpfei* _____

sich im Wasser bewegen: *mmenwisch* _____

Feuer fangen: *nnbreen* _____

sehr schnell laufen: *nenren* _____

etwas schon gesehen oder erlebt haben: *nnkeen* _____

sich auf einem Pferd bewegen: *tenrei* _____

B Besuche mich doch!

1 Einen Weg beschreiben

a Eine Radwanderung: Sieh dir die Karte genau an und bring die Abschnitte der Wegbeschreibung in die richtige Reihenfolge. Schreib 1–8 in die Kreise.

RHEINTAL-TOUR
Länge: 49 km
Höhenunterschiede: keine
Eignung: für jede Altersgruppe

○ Fahr neben der Autobahn in Richtung Bregenz.

○ Ab Rickenbach folgst du den Wegweisern des Rheintalwanderwegs.

○ Bleib auf dem Damm und fahr an Hard vorbei. Nach ungefähr 7 km überquerst du den Rhein.

○ Überquere die Bregenzer Ache auf der Eisenbahnbrücke und folge den Wegweisern zurück zum Bahnhof.

○ Folge jetzt dem Radwanderweg neben dem Rhein. Das Stickerei-Museum in Lustenau ist einen Besuch wert.

○ Vor der Bundesstraße 204 biegst du rechts ab und folgst dem Radweg bis zur Autobahn.

① Deine Tour beginnt am Bahnhof in Bregenz. Folge dem Bodensee-Radwanderweg Richtung Hard. Nach 5 km biegst du nach rechts ab. Eine Brücke führt dich an dieser Stelle über einen kleinen Fluss, die Bregenzer Ache, und auf einen Damm.

○ Nach dem dritten Zollamt verlässt du den Damm. Bieg nach links ab, fahr unter der Bundesstraße 203 durch und folge dem schmalen Kanal.

b Radfahren oder wandern? Schreib die Ausdrücke geordnet auf und finde noch weitere Beispiele.

| über den Bach springen | die Radfähre nehmen | an der Kreuzung absteigen | den Gipfel besteigen |
| über Leitern steigen | ~~dem Wanderweg folgen~~ | auf dem Radweg bleiben |

Wandern	Radfahren
dem Wanderweg folgen	

c Denk an eine Radtour oder an eine Wanderung, die du mit Verwandten oder Bekannten gemacht hast, und beschreibe die Route in deinem Heft.

5. Orte, Wege und Personen beschreiben B

2 Präpositionen

a Lies den Text, markiere die richtigen Präpositionen und streich die falschen durch.

Eine lange Wanderung

Königspinguine sind wunderbare Schwimmer. ~~Im~~ / ~~Vom~~ / (An) Land erscheinen sie schwerfällig und ungeschickt. Trotzdem verlassen sie jedes Jahr den Ozean und begeben sich über / auf / um eine lange Wanderung. Tagelang marschieren sie auf / hinter / über das antarktische Eis, um ihre Brutplätze zu erreichen, die oft hundert Kilometer entfernt sind. Vor / Nach / Hinter der Paarung legt das Weibchen ein Ei. Das Männchen schiebt sich das Ei durch / mit / aus dem Schnabel von / in / auf die Füße und wärmt es von / unter / zu einer Bauchfalte. Bewegungslos warten die Männchen, bis vor / nach / gegen ungefähr zwei Monaten die kleinen Pinguine schlüpfen. Ein halbes Jahr später sind die kleinen Pinguine groß genug, um den Marsch unter / aus / über das Eis zu schaffen.

b Lies den Text noch einmal und beantworte dann die Fragen.

1 Warum begeben sich die Königspinguine jedes Jahr auf eine mühsame, lange Wanderung?
2 Warum bleiben die Männchen zwei Monate lang auf dem Brutplatz?

c Ergänze die Sätze mit dem richtigen Begleiter und bestimme, ob das Nomen danach im Dativ oder im Akkusativ steht.

1 Die Pinguine wandern zu (ihr) _____ihren_____ Brutplätzen.   *Dativ*
2 Nach (die) _____ Paarung legt das Weibchen ein Ei.
3 Das Männchen schiebt das Ei auf (sein) _____ Füße.
4 In (die) _____ Bauchfalte bleibt das Ei auch bei minus 40 Grad warm.
5 Zwei Monate später schlüpft ein Junges aus (das) _____ Ei.
6 Die Pinguine wandern an (der) _____ Ozean zurück.

d Schreib sechs Nomen mit Präposition aus dem Text in Aufgabe **a** ab und bestimme, ob sie im Dativ oder im Akkusativ stehen.

durch das Wasser (durch → Akkusativ)

3 Plätze beschreiben – Plätze vergleichen

a Lies Amels Text und beantworte die Fragen.
1 Welche Plätze in der Wohnung beschreibt Amel?
2 Welcher Platz gefällt ihm besser?

Zwei Plätze in unserer Wohnung

Ich wohne in einer Siedlung. Unsere Wohnung liegt im obersten Stock. Sie hat einen kleinen Balkon. Auf dem Balkon steht ein gemütlicher Liegestuhl. Er hat einen hübschen rotweißen Stoffbezug. Wenn man auf dem Liegestuhl liegt, kann man durch die Stäbe des Balkongitters in den Hof sehen. Ich liebe diesen Platz. Im Sommer kann man sich hier wunderschön entspannen, man kann in Ruhe lesen oder Musik hören.

In unserer Küche fühle ich mich nicht so wohl. Hier ist es viel dunkler und ungemütlicher. Die Küchenkästchen haben braune Türen und auch die Arbeitsplatte ist dunkelbraun. Den rotweißen Liegestuhl am Balkon finde ich viel hübscher als die braunen Küchenmöbel. Außerdem ist es in der Küche viel unordentlicher als auf unserem Balkon. Ich muss oft den Geschirrspüler ein- oder ausräumen. Das erledige ich meist ganz schnell, um möglichst schnell wieder aus der Küche auf meinen Balkon zu kommen, wo es mir so viel besser gefällt.

b Wo vergleicht Amel die beiden Plätze? Markiere die Stellen im Text.

c Wähl zwei sehr unterschiedliche Plätze aus, beschreibe und vergleiche sie in deinem Heft.

Zwei Plätze in meiner Wohnung, in meinem Haus oder in meinem Garten

Zwei Plätze in meiner Stadt

Zwei Plätze in unserer Schule

Ein Platz hoch oben, ein Platz tief unten

Mein Lieblingsplatz in der Kindergartenzeit, mein Lieblingsplatz heute

Zwei Plätze an meinem Urlaubsort

rechtschreiben

5. Orte, Wege und Personen beschreiben B

4 -ck und -tz

a -ck oder -tz? Finde die fünf Wörter, die zu den Erklärungen passen. Markiere den kurzen Vokal davor. Schreib auch die anderen vier Wörter auf.

DA **ck** EL   MÜ ___ E   SCHI ___ EN

PFLÜ ___ EN   PLA ___ EN   PLÖ ___ LICH

SE ___ EN   SPRI ___ EN   DI ___

1 Kleiner Hund: _____
2 Früchte von einer Pflanze herunternehmen: _____
3 Einen Brief aufgeben: _____
4 Eine Kopfbedeckung für den Winter: _____
5 Ein Luftballon tut es manchmal: _____

b Finde die zusammengesetzten Wörter mit -ck oder -tz.

1 pu **tz** en + Tuch = *Putztuch*   5 ha ___ en + Sto ___ = _____
2 La ___ + Schuhe = _____   6 Rü ___ en + Sa ___ = _____
3 Auge + Bli ___ = _____   7 Scha ___ + graben = _____
4 pla ___ en + Regen = _____   8 si ___ en + Pla ___ = _____

c Ergänze die Tabelle.

Infinitiv	Präsens	2. Partizip
setzen	er	gesetzt
	ihr	geputzt
	er platzt	
nützen	es	

d Achtung: Manchmal schreibt man nur -k oder -z. Lies die Regel und vervollständige die Wörter.

> **Ausnahme**
> Wenn nach kurzem Vokal mehrere Konsonanten stehen, wird meist keiner davon verdoppelt (z. B.: sche**nk**en, He**rz**).

Hol **z** – dire __ t – Schin __ en – Geschen __ – Pflan __ e – stin __ en – War __ e – Mün __ e

C Kennst du sie gut?

1 Aussehen und Charakter beschreiben

a Markiere, ob die Wörter und Ausdrücke das Aussehen (A) oder das Verhalten (V) einer Person beschreiben.

	A	V		A	V
braunes lockiges Haar			neugierig		
groß gewachsen			strahlend weiße Zähne		
vorstehende Zähne			eine Narbe am rechten Unterarm		
kräftiges Kinn			blasses Gesicht		
immer heiter			hat gute Manieren		
etwas rundlich			nachdenklich		
oft nervös			schlank		

b Wähl vier Ausdrücke, die das Aussehen beschreiben.
Schreib Sätze in dein Heft.

Ich hätte gern braunes lockiges Haar. Meine Schwester ist groß gewachsen.

c Ergänze die passenden Charaktereigenschaften aus Aufgabe **a**.

1 Wer nie schlecht gelaunt ist, ist *immer heiter* _____.
2 Wer immer alles gut überlegt, ist _____.
3 Wer nicht ruhig sitzen kann und häufig an den Fingernägeln beißt, ist _____.
4 Wer alles wissen möchte und dauernd Fragen stellt, ist _____.
5 Wer zu anderen Menschen höflich ist, _____.

2 Charaktereigenschaften und Tätigkeiten einander zuordnen

a Schreib die passenden Adjektive aus dem Kasten in die Lücken.

| verzweifelt | zuverlässig | leichtsinnig | weise | geduldig |

1 _____ Menschen sind gelassen und ruhig.
2 _____ Menschen lassen andere nicht im Stich.
3 _____ Menschen sind belesen und haben Antworten auf viele Fragen.
4 _____ Menschen riskieren zu viel.
5 _____ Menschen sind ratlos und wissen nicht mehr ein noch aus.

5. Orte, Wege und Personen beschreiben

b Schreib passende Adjektive in die Lücken.

1 _____ Menschen lachen häufig und sind fast niemals traurig.
2 _____ Menschen schreien oft vor Zorn und handeln unüberlegt.
3 _____ Menschen können kaum lachen und glücklich sein.
4 _____ Menschen sagen die Wahrheit.

c Ergänze die Satzanfänge mit passenden Tätigkeiten.

1 Kluge Menschen _____ .
2 Zufriedene _____ .
3 Witzige _____ .
4 Jähzornige _____ .

3 Ein Kinder-Krimi

a „Kalle Blomquist" ist ein Kinder-Krimi in drei Bänden von Astrid Lindgren. Wenn du die Zahlen 2–9 richtig vor die Zeilen schreibst, findest du heraus, worum es im ersten Band geht.

○ in Sicherheit bringen und geraten dabei in große Gefahr.
○ schließlich Einars Versteck mit den Juwelen. Sie wollen diese
① Kalle Blomquist, Eva-Lotta und Anders sind drei Freunde, die
○ dieser ein Juwelendieb ist. Kalle, Eva-Lotta und Anders finden
○ ihn von Anfang an nicht leiden. Kalle fällt auf, dass Onkel Einar
○ ständig nervös ist und ein merkwürdiges Verhalten an den Tag
○ geheimnisvoller Onkel Eva-Lottas auf. Die drei Freunde können
○ in einem Ort names Kleinpöping leben. Eines Tages taucht ein
○ legt. Kalle beobachtet Einar genau und findet bald heraus, dass

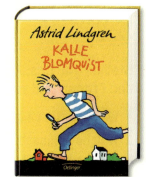

b Lies die Personenbeschreibung von Onkel Einar und zeichne ihn.

… Aus Prinzip merkte Kalle sich das Aussehen aller unbekannten Personen, die ihm in den Weg kamen. Wer weiß, wie viele von ihnen wirklich anständige Menschen waren. Diesmal war es Einar, den sich Kalle genau ansah: braunes, hochgestrichenes Haar, braune Augen, zusammengewachsene Augenbrauen, gerade Nase, leicht vorstehende Zähne, kräftiges Kinn, grauer Anzug, braune Schuhe, kein Hut, brauner Reisekoffer, nennt sich Onkel Einar. Das war wohl alles. Nein, er hatte auch eine kleine rote Narbe auf der rechten Wange. Kalle merkte sich alle Einzelheiten. …

4 Ein Haustier beschreibt einen Menschen

a Setze die Adjektive aus dem Kasten in der richtigen Form in den Text ein.

| nachlässig | zuverlässig | ehrlich | gesellig | stolz |

Hallo!
Ich bin Willie, der Wellensittich, und ich gehöre einem 12-jährigen Mädchen namens Anissa. Sie ist sehr _____(1), weil sie nie darauf vergisst, mir Futter und Wasser zu geben und meinen Käfig zu reinigen. Nur einmal letzte Woche war sie _____(2). Da vergaß sie darauf, die Käfigtür zu schließen. Ich hätte leicht davonfliegen können, aber das wollte ich nicht. Manchmal wünsche ich mir, ich könnte sprechen. Ich würde immer allen Menschen sagen, was ich mir denke. Lügen würde ich nie. Ich bin nämlich auch sehr _____(3)! Wollt ihr mich einmal besuchen? Dann ruft doch Anissa an. Sie freut sich sicher, wenn ihr zu uns kommt. Sie ist nämlich ein sehr _____(4) Mädchen, und sie ist auch sehr _____(5) darauf, einen netten Vogel wie mich zu besitzen.

b Stell dir vor, dass du von einem Tier beschrieben wirst. Überlege dir zuerst Antworten zu den Fragen und verfasse dann eine Beschreibung von ca. 100 Wörtern.

1 Welches Tier beschreibt dich?
2 Welche Eigenschaften und Verhaltensweisen mag das Tier an dir?
3 Welche Eigenschaften und Verhaltensweisen mag das Tier an dir nicht so sehr?
4 Welche Eigenschaften und Verhaltensweisen schreibt das Tier sich selbst zu?

rechtschreiben

5. Orte, Wege und Personen beschreiben c

5 ss oder ß?

a Finde im Kasten neun weitere Wörter mit ss und markiere sie.

N	V	E	P	A	S	S	E	N	I	Q	U	N	F	U	S	S	Z	D	F	G	J	L	E	T	O	P	N
S	C	H	L	O	S	S	R	N	I	S	Ü	S	S	E	N	I	V	Q	Ä	X	C	B	M	B	V	Y	N
W	P	F	W	E	I	S	S	H	O	P	L	I	U	D	C	R	R	Y	N	U	S	S	M	M	Q	V	Ä
E	I	K	N	C	H	E	K	Ü	S	S	E	N	V	E	N	I	H	A	S	S	I	Q	T	O	S	S	X
A	U	S	S	E	N	E	U	N	T	F	R	Y	V	M	N	I	V	E	R	N	G	R	Ü	S	S	E	N

b Schreib die Wörter aus Aufgabe **a** in Schreibschrift und ordne sie.
Markiere den langen und den kurzen Vokal vor dem ß oder ss.

ß	ss
F<u>u</u>ß	

c Ergänze die richtige Form der Verben. Markiere die Länge des Vokals vor dem ß oder ss.

1 (beißen)

+ Hamster _____ doch nicht.

- Aber mich hat schon einer _____ .

2 (schießen)

+ Willst du den Elfmeter _____ ?

- Nein, _____ du. Ich habe noch nie einen _____ .

3 (verschließen)

+ Sie müssen Ihre Wertsachen gut _____ .

- Wir haben sie im Safe _____ .

4 (essen)

+ Das Präsens heißt ich _____ , er _____ . Wie heißt das Präteritum?

- Es heißt ich _____ und er _____ .

d Bilde Wortfamilien. Ergänze die fehlenden Buchstaben (ß, ss) und ordne zu.

beißen	reißen	passen	groß
Ri____¹	bi____²ig	geri____³en	verpa____⁴en
Rei____⁵verschluss	Bei____⁶korb	ein Bi____⁷en	vergrö____⁸ern
ein bi____⁹chen	Reisepa____¹⁰	Gebirgspa____¹¹	Gro____¹²mutter
Gro____¹³mut	Ausrei____¹⁴er	Grö____¹⁵enwahn	aufpa____¹⁶en

ZIEL.Deutsch 1 Übungsbuch

A Hast du das gewusst?

1 Den Inhalt von Sachtexten wiedergeben

a Lies den Text und beantworte die Fragen.

Wie aus Fehlern geniale Erfindungen entstehen

Kautschuk statt Brotstücke

Im Jahr 1770 saß der englische Optiker Edward Nairne an seinem Schreibtisch und schrieb mit seinem Bleistift in sein Tagebuch. Dabei verschrieb er sich. Er wollte seinen Fehler ausbessern, was man damals mit Spucke oder mit einem Brotklumpen machte. Nairne griff also nach dem Brotstück, das beim Schreiben immer vor ihm auf dem Schreibtisch lag, erwischte aber stattdessen ein Stück Kautschuk. Aus Kautschuk stellt man Gummi her, und Edward Nairne verwendete das Material in seiner Werkstatt. In Gedanken versunken rieb er mit dem Kautschuk über das Papier und bemerkte, dass die Schrift sofort verschwand. Er überlegte nicht lange und machte seinen „Radiergummi" zu einem Verkaufsschlager, der sich über die ganze Welt verbreitete.

1 Welches Problem hatte der Optiker Edward Nairne? _____

2 Wie wollte er das Problem lösen? _____

3 Welchen „Fehler" machte er dabei? _____

4 Was war das Resultat? _____

b Lies den Text und ergänze die Sätze.

Verlorene Lesezeichen

1968 arbeitete der Wissenschafter Spencer Silver an einem Superkleber, der sich leicht entfernen lässt. In der Firma, für die er arbeitete, hatte er die Aufgabe, bessere und stärkere Klebstoffe zu entwickeln. Er schaffte es aber nicht. Der Klebstoff, den er in seinem Labor produzierte, war nicht stark genug. Er war unbrauchbar, ein Abfallprodukt. Art Fry, ein Forscherkollege von Spencer Silver, war Sänger im städtischen Kirchenchor. Bei den Chorproben ärgerte er sich immer wieder, dass die Zettelchen, die er als Lesezeichen verwendete, aus seinen Notenbüchern fielen. Dadurch fand er in der Kirche oft das richtige Kirchenlied nicht rechtzeitig und verpasste seinen Einsatz. Als er sich wieder einmal über ein verlorengegangenes Lesezeichen ärgerte, kam ihm die Idee: Der missglückte Klebstoff seines Kollegen könnte helfen. Die beiden bestrichen Papierzettelchen mit dem nur schwach klebenden Haftstoff, und die erste Post-it-Haftnotiz war erfunden.

In den 1960er-Jahren wollte ein Wissenschafter _____, aber _____. Sein Kollege war _____.

Er ärgerte sich _____. Er hatte die Idee _____. So entstand _____.

6. Informationen verstehen und weitergeben A

2 Umstandsergänzungen

a Ergänze die richtigen Umstandsergänzungen. Ordne zu.

| 1 an der Decke | 2 Dann | 3 In meinem Zimmer | 4 dort |
| 5 Wegen der Unordnung | | 6 Mit Schrauben und Dübeln | |

Wo? _____ gibt es zu wenig Platz. **Warum?** _____ finde ich meine Sachen nicht. **Wie?** _____ befestige ich kleine Flaschenzüge **Wo?** _____. **Wann?** _____ hänge ich **Wo?** _____ einen Teil meiner Sachen auf.

b Ordne die Umstandsergänzungen aus Aufgabe **a** zu.

Umstandsergänzung des Ortes (UEO): *In meinem Zimmer, ...*

Umstandsergänzung der Zeit (UEZ): _____

Umstandsergänzung der Art und Weise (UEA): _____

Umstandsergänzung des Grundes (UEG): _____

c Markiere in jeder Zeile eine Umstandsergänzung und schreib die passende Frage und den Namen daneben auf.

<u>Jeden Tag</u> musste meine kleine Schwester Anna *Wann? UEZ*

ihren schweren Schulrucksack zur Schule schleppen. _____

Letztes Wochenende habe ich _____

mit Papas Werkzeug ihr altes Dreirad zerlegt. _____

Die Räder habe ich auf Annas Rucksack montiert. _____

Jetzt kann sie ihren Rucksack _____

bequem zur Schule ziehen. _____

Aus Dankbarkeit hat sie mir _____

gestern eine Tafel Schokolade geschenkt. _____

d Ergänze die Sätze mit Umstandsergänzungen. Schreib persönliche Informationen.

1 Ich bin aufgestanden. **Wann?**   *Ich bin um 7:00 Uhr ...*

2 Ich habe gefrühstückt. **Wo?**   _____

3 Ich bin zur Schule gefahren. **Wie?**   _____

4 Ich bin zu spät gekommen. **Warum?**   _____

5 Die Lehrerin hat reagiert. **Wie?**   _____

3 Gegenstände beschreiben

a Ordne die Wörter zu und finde für jede Kategorie noch drei weitere Ausdrücke.

unbezahlbar
erhält die Gesundheit
Kunstfaser
gemasert
~~rau~~
hilft im Haushalt

1 Oberflächenbeschaffenheit: *rau*
2 Material: _____
3 Wert: _____
4 Funktion: _____

b Was haben Gegenstände gemeinsam, was unterscheidet sie?
Lies den Text und notiere, was die beiden Gegenstände gemeinsam haben.

Tische und Fahrradreifen

Auf den ersten Blick haben ein Tisch und ein Fahrradreifen wenig gemeinsam. Tische sind meist groß und auch schwer. Sie sind aus Holz, Metall, Kunststoff oder Stein. Fahrradreifen sind immer aus Gummi oder einem ähnlichen Material. Tische bleiben an ihrem Platz stehen, Fahrradreifen werden normalerweise an einem Fahrrad montiert. An einem Tisch sitzt man, man isst, man trinkt oder man arbeitet. Einen intakten Fahrradreifen braucht man, um mit dem Rad von A nach B zu kommen.
Trotz aller Unterschiede haben beide Gegenstände auch Gemeinsamkeiten. Fahrradreifen sind rund, genauso wie manche Tische rund sind. Beide Gegenstände sind weit verbreitet, fast jeder besitzt sie. Im Normalfall sind Tische und Fahrradreifen auch nicht besonders wertvoll. Sie sind in vielen Geschäften erhältlich. Wenn man regelmäßig Rad fährt, benutzt man beide Gegenstände jeden Tag.

Gemeinsamkeiten: Beide sind manchmal rund, ...

c Denk an zwei Gegenstände und beschreibe, was sie unterscheidet und was sie gemeinsam haben. Schreib einen kurzen Text.

Bleistift   Glühbirne   Sessel   Fußball   Kamm   Kleiderbügel

rechtschreiben

6. Informationen verstehen und weitergeben A

4 Ähnliche Laute (*v* und *f*)

a Finde in der Wörterschlange sechs Wörter mit f und fünf Wörter mit v. Schreib sie in die Tabelle.

FUSS**VOLL**HEFT**V**ORSICHT**V**ERSE**V**ERSTECKOFT**V**ORT**F**ON**V**ORSCHENBRA

Wörter mit f	Wörter mit v
	voll

Ähnliche Laute (*v* und *f*)
Wenn du *f* hörst, schreibst du meistens auch *f*. Die Ausnahmen (Aufgaben **a**, **b** und **c**) musst du gut üben.

b Bilde mit den Wörtern aus den Kästen zusammengesetzte Wörter und schreib sie auf.

| voll | ~~Volk~~ | Vieh | Vogel | viel | Scheuche | leicht | ständig | ~~Schule~~ | Handel |

Volksschule, _____

_____

c *Ver-* oder *vor-*? Markiere und streich durch. Bei welchen drei Verben sind beide Vorsilben möglich?

(ver)/ ~~vor~~ abreden   ver / vor achten   ver / vor stellen

ver / vor nehmen   ver / vor zeigen   ver / vor sprechen

ver / vor zeihen   ver / vor ändern   ver / vor haben

d Ergänze die Sätze mit passenden Verben aus **c**.

1 Wo bleibt denn Rasmus? Wir haben uns um drei _____.

2 Ich möchte lernen, einen Purzelbaum zu schlagen. Kannst du mir einen _____?

3 Sven ist euer neuer Mitschüler. Kannst du dich kurz _____, Sven?

4 Du musst mir _____, dass du um acht Uhr zu Hause bist.

e Finde die passenden Wörter zu den Erklärungen.

Ähnliche Laute (*v* und *f*)
Wenn du *w* hörst, schreibst du bei manchen Fremdwörtern *v*.

Ein vornehmes Haus   V _ _ _ _   Ein Gefäß für Blumen   V _ _ _

Ein Streichinstrument   V _ _ _ _   Ein Berg, der Feuer speit   V _ _ _ _ _

Der elfte Monat im Jahr   _ _ v _ _ _ _ _   Eine beliebte Eissorte   V _ _ _ _ _ _

B Kennst du dich da aus?

1 Diagramme verstehen

a Sieh die Wetterkarte an und lies die Wettervorhersage. Korrigiere vier weitere Fehler. Streich die falsche Information durch und schreib sie richtig auf.

Eine Kaltfront aus dem Westen trifft in der Nacht
in Vorarlberg ein. Die Temperaturen sinken deshalb am Sonntag im Westen
Österreichs auf ~~15-22~~ Grad. Es ist mit Gewittern und Regen zu rechnen,   *7–11*
begleitet von starkem Schneefall aus Nordwest.
Im Süden bleibt das Wetter auch am Sonntag schlecht.
Die Temperaturen bewegen sich zwischen 7 und 11 Grad.
Im Nordosten wird es wärmer, dort hat es am Morgen 14 Grad,
die Höchsttemperaturen betragen 19 Grad.
Im Laufe des Tages ziehen von Westen her Wolken auf.

b Lies die Wetterkarte aus Aufgabe **a** und die drei Situationen. Mach Vorschläge, was die Jugendlichen tun können.

1 Amir und Sais wohnen in Wien. Sie möchten am Sonntag eine Radtour machen.

In Wien ist das Wetter am Sonntag ...

2 Katrin lebt in Innsbruck. Ihre Eltern möchten morgen mit ihr und ihrer Schwester wandern gehen.

3 Samirs Bruder möchte mit seinen Freunden in der Nähe von Graz campieren.

FUNDGRUBE

am Morgen, zu Mittag, abends, sonnig, neblig, leicht/stark bewölkt, es hat 15 Grad, es ist kühl, warm, heiß, die Höchsttemperaturen betragen ..., es nieselt, es ist mit Regenschauern zu rechnen, es gibt starken Regen, Unwetter, Gewitter, es hagelt

c Such eine Wetterkarte aus der Zeitung oder dem Internet und schreib in dein Heft, wie das Wetter morgen in Österreich wird.

2 Tabellen und Diagramme verstehen

a) Lies den Text und die Preisliste. Beantworte dann die Fragen in dein Heft.

> Nick möchte zu seinem 15. Geburtstag acht gleichaltrige Freunde zum Kartfahren einladen. Wie viel würde das kosten?

FAHR DEIN RENNEN

Ticketpreise		*Bahnmieten*	
Kinder ab 8 bis 11 Jahre:		**Gruppen:**	
- Einzelfahrt (à 10 Minuten)	6,00 EUR	30 Minuten (bis 10 Karts)	170,00 EUR
Jugendliche ab 12 bis 17 Jahre:		40 Minuten (bis 10 Karts)	230,00 EUR
- Einzelfahrt (à 10 Minuten)	7,00 EUR	60 Minuten (bis 10 Karts)	350,00 EUR
Erwachsene:			
- Einzelfahrt (à 10 Minuten)	9,00 EUR		

1 Wie viel kosten 60 Minuten Kartfahren für neun Erwachsene? Ticketpreis: _____ Gruppentarif: _____

2 Wie viel kosten 60 Minuten für Kinder unter zwölf Jahren? _____

b) Das Rennen: Lies den Text. Welche Grafik bildet die Ergebnisse richtig ab?

Nick und seine Freunde sind ein Kartrennen über zehn Runden gefahren. Samuel ist schon öfter Kart gefahren und war deshalb am schnellsten. Er hat die zehn Runden in vier Minuten 20 Sekunden absolviert. Philipp und Fabian waren knapp hinter ihm. Mia war das schnellste Mädchen, auch sie brauchte weniger als fünf Minuten für die zehn Runden. Das „Mittelfeld" wurde von Bakir angeführt, der nach fünf Minuten und zehn Sekunden ins Ziel kam, dicht gefolgt von Olivia und Katrin. Eine halbe Runde danach fuhr Gabriel durchs Ziel, fünf Sekunden vor Nick, der mit einer Zeit von sechs Minuten und 25 Sekunden den letzten Platz belegte.

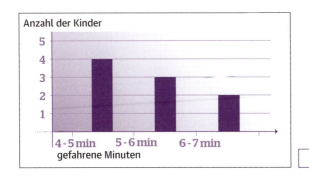

c) Wähl eine Frage aus, zeichne ein Diagramm und beschreibe es in einem kurzen Text. Du kannst natürlich auch eine eigene Frage für deine Statistik finden.

1 Wie viele T-Shirts, Hosen und Pullover hast du in deinem Kleiderschrank?
2 Wofür gibst du dein Taschengeld aus?
3 Wie viel Zeit verbringst du mit Sport, mit Schule und im Bett?

3 Das Futur

a Was werden die Personen in den Situationen tun? Finde jeweils zwei Möglichkeiten und schreib Sätze wie im Beispiel in dein Heft. Markiere das Futur.

> **Das Futur I**
>
> Das Futur I bildest du mit einer Form von *werden* und dem Infinitiv. Oft kannst du auch das Präsens verwenden, um über Zukünftiges zu sprechen, z.B. Morgen gehe ich wieder in die Schule.

1 Karina steht im Schwimmbad auf dem Dreimeterbrett.

Sie wird ins Wasser springen oder sie wird wieder hinuntersteigen.

2 Gabriel fährt mit dem Fahrrad nach Hause. Es beginnt zu regnen.
3 Ivo legt sich den Ball auf den Elfmeterpunkt.
4 Olivia liest sich das erste Beispiel der Mathematikhausaufgabe durch.
5 Torsten sitzt im Apfelbaum. Die Leiter ist umgefallen.
6 Carmen entdeckt eine große Spinne, die über ihr Kleid krabbelt.

4 Zeitstufen

a Ergänze das Verb in der richtigen Zeitform. Markiere, streich durch oder ergänze die Antwort, die für dich passt.

> **Zeitformen und Zeitstufen**
>
> An der Zeitform des Verbs kannst du oft die Zeitstufe erkennen.
>
> | Zeitformen des Verbs | Zeitstufen |
> |---|---|
> | Perfekt | Vergangenes |
> | Präteritum | Gegenwärtiges |
> | Präsens | Zukünftiges |
> | Futur | |

Zeitstufe: Vergangenes

(lesen, Perfekt) Ich _____1_____ im letzten Jahr *weniger als drei / mehr als drei / genau* _____2_____ Bücher _____3_____.

(lernen müssen, Präteritum) Für die letzte Schularbeit _____4_____ ich *gar nichts / sehr lange* _____5_____.

Zeitstufe: Zukünftiges

(schreiben, Präsens) Bis zum Ferienbeginn _____6_____ wir noch eine Schularbeit.

(arbeiten, Futur) Ich _____7_____ später sicher einmal als *Tierärztin* / _____8_____ _____9_____.

Zeitstufe: Gegenwärtiges

(finden, Präsens) Ich _____10_____ *Rap / Vampirfilme / Süßigkeiten* gut.

(sein, Präsens) Mein Lieblingsfach _____11_____ *Deutsch* / _____12_____ / _____13_____.

rechtschreiben

6. Informationen verstehen und weitergeben B

5 Ähnliche Laute (*b, d, g* oder *p, t, k*)

a Lies die Wörter in Spiegelschrift. Ordne sie zu und schreib sie richtig auf.

GIPS, WEG, HERBST, WICHT, ZWERG, STARK, GEWAND, LAND, ABFALL

b/p _Gips_

d/t _____

g/k _____

b Ergänze den richtigen Buchstaben.

b, d, g oder p, t, k

Um herauszufinden, ob du *p, t, k* oder *b, d, g* schreibst, kannst du das Wort verlängern. Dann kann man den Unterschied zwischen „harten" und „weichen" Lauten besser hören.

b oder p:

du pum___st ← pum_p_en

er ga___ ← ge___en

ein Kal___ ← Käl___er

d oder t:

das Lich _t_¹ ← Lich _t_² er

er lu___³ mich ein ← einla___⁴ en

ein Fein___⁵ ← Fein___⁶ e

g oder k:

er tru___⁷ ← tra___⁸ en

sie wo___⁹ ← wie___¹⁰ en

star___¹¹ ← stär___¹² er

c Gleich klingende Wörter. Ergänze die Sätze mit den richtigen Wörtern.

1 **En■e**   Im See schwamm eine _____¹. Das _____² der Geschichte war sehr traurig.

2 **Be■lei■ung**   Kinder dürfen nur in _____³ eines Erwachsenen Autodrom fahren.
_____⁴ für Damen finden Sie im ersten Stock unseres Kaufhauses.

3 **■anken**   Nach 800 Kilometern musste er sein Auto voll _____⁵.
Der Trainer _____⁶ den Spielern für ihren Einsatz.

4 **Ra■**   Was soll ich tun? Kannst du mir einen _____⁷ geben?
Vor dem Ausflug muss ich noch mein _____⁸ reparieren.

5 **■acken**   Ich möchte am Nachmittag einen Kuchen _____⁹.
Wann müssen wir die Koffer _____¹⁰ ?

C Spiel doch mit ...

1 Spielanleitungen verstehen und verfassen

a Ein Ballspiel: Ordne die Textteile den Fragen zu.
Achtung: Zwei Textteile gehören zu einem anderen Ballspiel. Kannst du beide Ballspiele erraten?

1 Meist spielen zwei Mannschaften mit jeweils fünf Spielern gegeneinander, man kann das Spiel aber auch nur zu zweit spielen.

2 Die Mannschaft, die die meisten „Körbe" erzielt, gewinnt.

3 Die Mannschaften müssen versuchen, den Ball von oben durch den gegnerischen Ring zu werfen. Die Spieler dürfen sich den Ball zuwerfen, sie dürfen ihn aber nicht ohne zu dribbeln über das Spielfeld tragen.

4 Große Turniere werden meist in Sporthallen ausgetragen, das Spiel wird aber auch gern im Freien gespielt.

5 Die Spieler müssen den Ball über das Netz ins andere Spielfeld schlagen. Der Ball darf im eigenen Spielfeld nur einmal aufkommen.

6 Man braucht ein Spielfeld und zwei Ringe, an denen Netze befestigt sind. Die Ringe werden auf beiden Seiten des Spielfeldes in ungefähr drei Metern Höhe angebracht.

7 In der Mitte des Spielfeldes wird ein Netz gespannt. Man braucht einen ungefähr faustgroßen Ball und für jeden Spieler einen Schläger.

8 Das Spiel wurde 1891 in einem amerikanischen College erfunden, gehört zu den olympischen Sportarten und ist auf der ganzen Welt beliebt.

Name des Ballspiels: _____

Wie lange wird das Spiel schon gespielt? ☐
Wer spielt? ☐
Wo wird gespielt? ☐
Was braucht man dazu? ☐
Wie sind die Regeln? ☐
Wer gewinnt? ☐

Name des zweiten Ballspiels: _____

b Lies die Sätze und korrigiere die unterstrichenen Satzteile.

mit dem ganzen Körper
1 **Fußball:** Der Torwart darf im Strafraum den Ball ~~nur mit den Beinen~~ berühren.

2 **Handball:** Die Spieler müssen versuchen, den Ball mit der Hand über ein Netz zu spielen.

3 **Golf:** Die Spieler müssen den Ball mit der Hand in kleine Löcher auf dem Golfplatz schießen.

4 **Wasserball:** Ziel des Spieles ist es, sich gegenseitig anzuspritzen.

5 **Eishockey:** Der Eishockeypuck muss in ein Loch im Eis geschossen werden.

6 **Hürdenlauf:** Beim Hürdenlauf müssen die Läufer unter den Hürden durchschlüpfen.

c Schreib Regeln zu einer Sportart auf.

| Basketball | Tennis | Rudern | Volleyball | Kegeln | American Football | Skispringen |

2 Zwei Sprachspiele

a Lies die Spielregeln. Fünfzehn Wörter sind zu viel. Streich diese Wörter aus dem Text.

Das Schweinchenspiel

Denk dir ~~nie~~ ein Wort aus. Für jeden Buchstaben des Wortes zeichnest du einen Strich auf einen Zettel ~~durch~~. ~~Deine~~ können Mitspieler und Mitspielerinnen sollen nun das Wort erraten, indem sie ~~müssen~~ Buchstaben nennen, die ~~außer~~ in dem Wort vorkommen könnten. Es darf achtmal geraten ~~oft~~ werden. Wenn Buchstaben richtig ~~aber~~ geraten werden, schreibst du sie an die jeweilige Stelle ~~gehabt~~. Immer wenn ein Buchstabe falsch geraten wird, zeichnest du ~~gefährlich~~ einen Teil des Schweinchenkopfes auf. Wenn du ~~möchtest~~ das Schweinchen fertig gezeichnet hast, bevor die anderen das Wort ~~trotzdem~~ erraten haben, hast du gewonnen. Erraten die anderen ~~Kinder~~ ~~kennen~~ das Wort, bevor dein Schweinchen fertig ~~gelungen~~ ist, hast du verloren ~~gehabt~~. Ein anderer Mitspieler oder eine andere Mitspielerin denkt sich nun ~~keinesfalls~~ ein Wort aus, und das Spiel beginnt von Neuem.

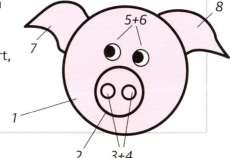

b Lies die Erklärung und sammle dann zwanzig Wörter für das Schweinchenspiel.

Das Schweinchenspiel – Mit dem Schweinchenspiel kannst du die Rechtschreibung von schwierigen Wörtern üben. Such im Wörterbuch schwierige Wörter mit mindestens sieben Buchstaben und sammle sie hier. Spiel dann das Spiel mit einer Freundin oder einem Freund.

Mögliche Rechtschreibprobleme

| langes i | stummes h | ß | langer Vokal ohne Längenzeichen |
| Doppelvokal | Doppelkonsonant | | ähnliche Wörter |

Gießkanne

probier's mal!

c Ein Brettspiel. Lies die Spielregeln und markiere dann bei den Sätzen 1–5, was richtig ist.

Das Schlangen- und Leiterspiel

Vorbereitung: Das Schlangen- und Leiterspiel ist ein Spiel für zwei bis fünf Spielerinnen und Spieler. Du brauchst dafür einen Spielplan, einen Würfel und mehrere Spielsteine.

Spielverlauf: Ziel des Spieles ist es, den eigenen Spielstein möglichst schnell ins Zielfeld zu bringen. Zu Beginn des Spieles wird der Reihe nach gewürfelt. Wer als erster einen Sechser würfelt, darf beginnen. Wenn du zum Anfang einer Leiter kommst, darfst du deinen Spielstein an das Ende der Leiter setzen. Wenn du mit deinem Spielstein aber auf einem Schlangenkopf landest, musst du deinen Spielstein zum Schwanzende der Schlange bewegen. Auf einem Buchstabenfeld musst du eine Aufgabe lösen. Bei einer falschen Antwort musst du deinen Spielstein drei Felder zurücksetzen. Bei einer richtigen Antwort darfst du auf dem Feld bleiben.

Ende des Spiels: Sieger ist, wer als erster mit der genauen Punktezahl das Zielfeld erreicht.

1 Das Spiel können maximal fünf / zwei bis vier / beliebig viele Personen spielen.

2 Wenn man zu einem Leiteranfangsfeld kommt, fährt man weiter / die Leiter hinauf / drei Felder zurück.

3 Wenn man zu einem Feld mit einem Schlangenkopf kommt, muss man ans Schwanzende der Schlange zurückfahren / drei Felder zurück / zum nächsten Leiterfeld.

4 Wenn man eine Aufgabe nicht lösen kann, muss man eine Runde aussetzen / drei Felder zurück / zum Schwanzende einer Schlange.

5 Sieger ist, wer alle Fragen beantwortet / das Zielfeld mit einer genauen Punktezahl erreicht / alle Leitern hinaufgezogen ist.

d Aufgaben zu den Buchstabenfeldern. Löse die Aufgaben.

A Formuliere einen Satz im Präsens.

B Formuliere einen Satz im Perfekt.

C Formuliere einen Satz im Futur.

D Bestimme die Umstandsergänzung: *Morgen beginnen die Ferien.*

E Bestimme die Umstandsergänzung: *Wir fahren nach Italien.*

F Bestimme die Umstandsergänzung: *Mein Hund lernt schnell.*

G Ergänze den Artikel und bestimme den Fall: *Er legt das Buch auf _____ Tisch.*

H Bestimme die Objekte: *Ich schenke meiner Schwester eine DVD.*

I Bestimme die Satzglieder: *Ich muss unbedingt einen Sechser würfeln.*

J Bestimme die Satzart: *Wer wird wohl gewinnen?*

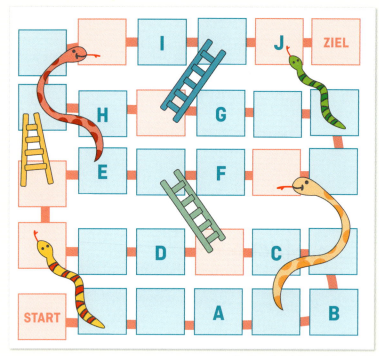

Großer Spielplan siehe S. 76

e Schreib zu den Buchstaben auf dem Spielfeld neue Aufgaben.

rechtschreiben

6. Informationen verstehen und weitergeben c

3 *das* oder *dass*?

ⓐ Markiere in den Sprechblasen *das* oder *dass* und ergänze die Regel.

> **das oder dass?**
>
> Wenn man *dieses, jenes* oder *welches* einsetzen kann, schreibt man **das / dass**.
> In allen anderen Fällen schreibt man **das / dass**.

Weißt du nicht, dass das verboten ist? Geh dort raus, wo du reingekommen bist!

Aber das tu ich doch.

ⓑ Ein Witz: Ergänze *das* oder *dass*.

„Haben Sie nicht bemerkt, __(1)__ Einbrecher in Ihrem Haus waren? Die haben __(2)__ ganze Wohnzimmer ausgeräumt, und Sie waren zu Hause!" Der Kriminalinspektor kann __(3)__ einfach nicht verstehen.

„Wissen Sie, __(4)__ ist so …", erklärt Herr Brehm ein bisschen umständlich. „__(5)__ Programm, __(6)__ ich immer sehe, __(7)__ zeigt dienstagabends immer meine Lieblingsserie. Und __(8)__ haben die Einbrecher gewusst. Sie waren so clever, __(9)__ sie den Fernseher nicht mitgenommen haben. Ich musste __(10)__ Ende der Serie einfach sehen!"

ⓒ Ergänze *das* oder *dass*. Wähl aus: Welche Sätze stimmen für dich?

	Stimme zu	Stimme teilweise zu	Stimme nicht zu
1 „Ein Spiel, _____ ich nicht so mag, ist Activity."	○	○	○
2 „Ich finde, _____ es im Fernsehen zu viele Fußballsendungen gibt."	○	○	○
3 „Das einzige Ballspiel, _____ mir gefällt, ist Minigolf."	○	○	○
4 „Es ist wichtig, _____ man viele Computerspiele spielen kann."	○	○	○
5 „Mein Opa behauptet, _____ Spielen vom Lernen ablenkt."	○	○	○

ⓓ Finde weitere Satzanfänge mit *dass*. Wähl dann vier aus und schreib persönliche Sätze.

> Ich habe gehört, dass …

> Ich freue mich darauf, dass …

> Jemand hat mir erzählt, dass …

> Es ist unglaublich, dass …

ZIEL.Deutsch 1 Übungsbuch

Das Schlangen- und Leiterspiel